- 湖南省教学改革项目，师范认证背景下体育教育专业目标达成度评价研究，课题编号：HNJG- 20231153，雷强主持
- 湖南省社会科学评审委员会课题，湖湘民俗体育"文旅融合"的运行机制与推进策略研究，课题编号：XSP24YBC548，雷强主持
- 湖南省教育科学"十四五"规划2024年度课题，湖湘"非遗"体育助力乡村教育振兴的理论与实践研究，课题编号：ND246340，雷强主持
- 郴州市社会科学规划课题，湖湘"非遗"体育融入郴州市乡村学校教育的逻辑理路与实践进路，课题编号：165，雷强主持

新时期武术文化的传承与可持续发展

雷强 ◎ 著

中国戏剧出版社
CHINA THEATRE PRESS

图书在版编目（CIP）数据

新时期武术文化的传承与可持续发展 / 雷强著.
北京：中国戏剧出版社，2024. 8. -- ISBN 978-7-104
-05567-9

Ⅰ．G852

中国国家版本馆CIP数据核字第2024F6Q030号

新时期武术文化的传承与可持续发展

责任编辑：肖　楠
项目统筹：康祎宁
责任印刷：冯志强

出版发行：中国戏剧出版社
出 版 人：樊国宾
社　　址：北京市西城区天宁寺前街2号国家音乐产业基地L座
邮　　编：100055
网　　址：www.theatrebook.cn
电　　话：010-63385980（总编室）　010-63381560（发行部）
传　　真：010-63381560

读者服务：010-63381560
邮购地址：北京市西城区天宁寺前街2号国家音乐产业基地L座

印　　刷：北京九州迅驰传媒文化有限公司
开　　本：787mm×1092mm　1/16
印　　张：9.5
字　　数：210千字
版　　次：2024年8月　北京第1版第1次印刷
书　　号：ISBN 978-7-104-05567-9
定　　价：58.00元

版权专有，违者必究；如有质量问题，请与出版社联系调换。

前 言

中国武术又称"国术"或"武艺",是将踢、打、摔、拿、跌、击、劈、刺等动作按照一定规律组成徒手或持器械的各种攻防格斗套路及单势练习。武术在中国的发展历史悠久,是宏伟瑰丽的华夏文化系统中的重要分支,其发生、发展紧随着整个华夏文明前进的历程。早在先秦时期,武术便由远古人类的生产活动中萌生发源,成为了武术形态的雏形。它吸收了中国古典哲学、伦理学、美学、医学、兵学等中国传统文化的众多要素,渗透着中国传统文化的精髓,是中华文化史的重要构成部分。然而,经济全球化也带动了文化全球化的发展,西方体育文化随之走进中国,更多的国人开始追逐西方的"时髦"体育文化,我国传统体育文化受到重大冲击,进而导致我国传统文化的传承与发展变得越来越困难。中国武术作为中国传统文化的重要组成部分,其传承和可持续发展需要国民认真反思、探讨和研究。

本人以新时期为背景,为了从更多视角探讨武术文化的传承与可持续发展,特撰写《新时期武术文化的传承与可持续发展》一书。本书共七章,第一、二章从中国武术文化概念和武术文化内涵出发,详细论述了武术文化的概念、发展、价值以及文化内涵;第三章、四章分别从区域、新时期两个视角深入探讨了武术文化的发展与可持续传承路径,旨在加深大众对武术文化的了解;第五章、第六章分别从教育视角、经济社会视角对武术文化展开系统探究,有效拓宽了武术文化传承与发展的路径;第七章对武术文化的传承与发展进行综合审视,然后以湖南武术为例,结合现实生活展开主题的探究,其主旨在于将武术文化发扬光大。总的来讲,本书是在探索武术文化的传承与发展过程中,将武术与其文化属性相关联,深入探索武术文化,加深了大众对武术的认知,促进了武术文化的有序传承和持续发展。

本书的撰写得到很多专家学者的支持和帮助,在此深表谢意。本书部分内容参考和借鉴了国内外学者的一些相关理论研究成果,在这里对他们一并表示衷心感谢!本人在撰写过程中虽极力丰富本书内容,力求著作的完美无瑕,但仍难免存在疏漏和错误之处,还望各位同仁斧正。

雷强

2024 年 4 月

目 录

第一章 中国武术文化概述

第一节 中国武术文化的相关概念···001
第二节 中国武术文化的发展沿革···006
第三节 中国武术文化的价值辨析···010

第二章 中国武术的文化内涵

第一节 哲学视角的中国武术文化内涵···017
第二节 美学视角的中国武术文化内涵···018
第三节 艺术视角的中国武术文化内涵···020
第四节 民俗文化视角的中国武术文化内涵···022

第三章 区域武术文化的传承与发展

第一节 武术文化的区域分布概况···024
第二节 区域武术文化的特点···028
第三节 区域武术文化的非遗保护···030

第四章 新时期武术文化的传承与发展

第一节 新时期武术文化传承、发展的保障···038
第二节 重视武术文化的挖掘与整理工作···040
第三节 加强中国武术文化的国际交流···042
第四节 新时期武术文化传承与发展的路径···046

第五章　武术文化在教育中传承、发展

第一节　教育中发展武术文化的战略意义 072
第二节　教育中武术文化的发展探索 073
第三节　新时期文化软实力视角下的武术文化发展路径 100

第六章　武术文化在经济、社会中传承、发展

第一节　多元化生态体系的构建 107
第二节　借助全民健身热潮实现武术文化的产业化发展 113
第三节　武术文化产业化发展的构想 116

第七章　武术文化传承与发展的个案研究

第一节　武术文化传承、发展的综合审视 120
第二节　武术文化传承与发展研究——以湖南武术为例 131

参考文献 143

第一章　中国武术文化概述

中国武术从其表现形式来讲，可以将其视为体育项目，对其深入剖析后会发现，它还是饱满且内容繁多的文化载体。中国武术的一招一式都对外彰显着中国精神，其动静结合的表现凸显了中国人的智慧。新时期背景下，武术文化的传承与可持续发展成为每一位炎黄子孙的责任与义务。本章从中国武术文化的相关概念切入，论述其发展沿革，随后以多视角对其文化价值展开辨析。

第一节　中国武术文化的相关概念

一、武术的概念

武术虽然经历了长时间的发展，但仍然在相当长的时间内未能形成确切且被业内人士公认的概念。因此，武术发展过程中的理论探究环节、活动实践环节都不同程度地遇到了阻力。直至1988年，我国为助力中国武术的稳健发展，专门召开了以武术概念为主题的专题研讨会，并确定了武术的概念。武术是以技击动作为主要内容，以套路和格斗为运动形式，注重内外兼修的中国传统体育项目。

二、传统武术

传统武术属于武术庞大体系中不可或缺的部分，同时它还是武术系统的子系统。传统武术在中华大地上被孕育出来，其中蕴含了浓郁的中华民族文化，成为极具中国特色的中国文化。传统武术经历了长时间的发展，已经成为国人公认的"国粹"。

传统武术主要是通过身体运动的形式对外展现的，以技击动作为素材，以动作套路、搏斗过程、功法等作为运动表现形式，有益于提升参与者的身体素质、坚定参与者的意志力、帮助参与者提升攻防能力。由此不难看出，传统武术是以民族传统体育为基础，在其发展过程中，将传统体育与传统文化高度契合的体育文化。所以，传统武术是一种文化。该文化经历了长时间的发展，逐渐成长为中国传统文化的重要组成部分，其特点是结构稳定、民族文化鲜明、内容丰富、结构多元。该文化在传播过程中发挥了传播、持续发展民族文化的重要作用与重要意义。

综上所述，以传统武术概念为基础，结合武术的概念，可以获得传统武术的引申性表述——传统武术的素材是攻防技击动作，其理论依据是中华民族传统文化，其载体是武术动作套路、搏斗、功法等众多运动形式，其生存方式是传统武术习练、研究、实施。最值得肯定的是，传统武术是有效弘扬民族传统文化，且适宜大众参与的社会文化活动。

（一）传统武术概念的内涵

中国武术经历了长时间的发展，逐渐将自身特点凸显出来，最终发展成极具中国特色的中国文化。不仅如此，中国武术逐渐被国内外的武术爱好者所认识和喜欢。武术概念在经历了长时间的质疑、争论后，最终得以界定。基于历史文献视角来讲，武术概念的提出最早出现在南朝颜延年的《皇太子释奠会作》中："偃闭武术，阐扬文令。"再后来，随着历史的不断演变，武术的概念也经历了多个阶段的发展，最终形成了不同阶段的武术概念的内涵。颜延年曾经在自己的诗中这样定义武术——发扬文治，停止武战。显然，该历史时期的武术概念是明显有别于现代武术概念的。进入现代，受多种因素影响，武术概念也发生了较大的变化。武术最核心的含义是可以使参与者强健体魄，具备攻守技能。

基于中国传统哲学思想视角审视武术，武术的拳术理论与伦理观念相同。换言之，武术的用武之道可以体现我国传统伦理观念。不仅如此，我国多领域的学说都与武术理论有直接关联，如养生学、传统医学等。基于此视角来讲，可以肯定，武术是一种体育运动，并同时汇集伦理、养生、医学、保健等于一身。

古代时期的武术还有另一个表现形式，即格斗技术。它不仅会出现在原始时期的狩猎中，还会出现在人们日常技艺切磋以及搏斗中。如果战争爆发，该技术显然可以成为战争中的核心竞争力。综前所述，武术在发展与演变过程中，其技攻无疑是其主要内容和主要表现形式，并始终围绕着其根本属性。

武术的众多价值中，攻防价值无疑是核心且最具特点的。事实上，攻防价值是武术的本质属性。大众眼中的武术，其本质属性同样是体现攻防价值的格斗技术的体现。

1. 以字形视角定义"武术"

从字形视角来讲，可以将"武术"中的"武"字分为两部分，即"止"+"戈"。文字学家于省吾说道："武从戈，从止，本义是'征伐示威'。征伐者必有行动，'止'

即表示行动也；征伐者必用武器，'戈'即武器也。"

东汉许慎编著的《说文解字》一书中也提到"武术"的字面意思："取得胜利，收兵回营。"文中记载的"故止戈为武"中的"止"为停止，"戈"为兵器，所以"武"为停止打仗。"衍"行术声，直接用"辨"替代了"术"。在甲骨文、战国的陶文中，"术"的写法非常像十字道路，从此现象看，"术"字的写法应该是被后人引申过了，其意思的延伸是技术、方法。所以，基于字型视角，"武术"的定义是搏击，更确切地讲，是搏击的方法和手段。

2. 以字义视角定义"武术"

从字的具体含义来看，"武"字有两个含义。其一，通过威力使人信服，其二，"讲武论勇"。《辞海》中注释为："干戈军旅之事。"这句话并不难理解，意思是治军、整军、习武的技术与方法。《韩非子·定法》中对于"术"有这样的记载："者……操杀生之柄……"除此之外，《礼记·乡饮酒义》中同样对"术"有记载："古之学术道者，将以得身也。"综前所述，基于字义视角对武术展开分析，可以将其理解为力的方法、技击的方法。

3. 以内容视角分析"武术"

武术运动中，其本质特征是技击，无论从讨论视角来讲，还是从功法视角来讲，再或是从进行对抗的运动视角来讲，武术都表现出鲜明的攻防技击内容。《礼记》对此内容进行了具体概括，即"执技论力"。不仅如此，在《汉书》和《荀子》中，还将"武术"称为"技击"。进入汉代，"武术"又被赋予了新名称——"手搏"之技。有学者总结岳山派八极拳认为，该拳法有四大法、六大开、六肘头、八大招及十二路等。仅从招式来讲，就达12种之多，比较常见的是虚招与实招、小招与大招、活招与绝招、变招与攻招等。从这些内容来看，武术运动中蕴含了丰富的攻防招式。

社会飞速发展的过程中，火器也得到了快速发展与广泛应用。在实战中，武术的实战作用逐渐弱化。届时，武术开始向健身、养生方向发展。进入新时期以来，武术的健身、养生作用逐渐被大众接受和认可，并逐渐发展为一项大众喜爱且愿意积极参与的体育运动项目。虽然武术已经朝新的方向发展，但是武术技术的特点、内涵得到了保留，即保留了技击。参与者在健身、养生的同时，还能掌握武术的攻方技法。

（二）传统武术概念的发展

传统武术的概念形成后，又经历了逐渐深化的过程，其根本在于人们对事物本质属性产生深刻理解是需要一定过程的。当概念形成后，在特定时间、特定条件下，内容是有其定性的。但是受外界环境干扰，例如社会的快速发展，会引发事物发生变化，此时人们对事物、对事物本质的认知也会发生变化，这就是认知不断深入的过程。在此过程中，还可能引发概念的变化。武术经历了较长时间的发展，在对其发展过程展开讨论时，需要透彻分析不同历史时期下武术发展情况，包括其社会实践情况、武术概念的表述等。

1908 年 7 月，第六期的《东方杂志》引载了 7 月 12 日《神州日报》中的文章《论今日国民宜崇旧有之武术》。随着西方科学不断涌入，传统武术的概念显得尤为重要，对其要求也越来越精准化、具体化，人们开始尝试用术语对事物的本质进行概括。在此推动下，"武术""国技"等的概念开始被校正。最后，张之江提出了"国术"一词，因为该词的严谨性极强，最终被大众接受和认可。"国术"一词，是对"武术""国技"二词的概括，大众认识到武术是明显不同于其他国家的技击之术，并肯定了武术的中国文化特点。

武术发展过程中，大众对武术的理解是不断深化的，1932 年，《国民体育实施方案》中提到了武术被确认为国术。武术是极具中国特色、体现中国文化的体育锻炼方法，除了可以向参与者传授相应的自卫技能，更能体现健身目的。该历史时期，因为武术的实战功能已经明显弱化，加之 20 世纪 20 年代，西方体育项目开始涌入中国，人们在锻炼身体的同时，更提出了审美需求，也正因如此，人们开始深挖武术的体育价值。值得一提的是，大众的新需求并未对武术的技击特点、功能的保留造成影响，基于定义视角来讲，除了强调武术能为参与者提供自卫技能外，还肯定了其健身的特性。从某种程度上讲，这与当时中国处于民族危机之中，提出的"强国强种""御侮图存"的口号相一致。

关于"国术"一词，马明达也曾表达过自己的看法。在《重新审视国术》中，他认为"国术属于综合概念，同时也是古代武艺遗存下来的部分民间体育项目的组合，还是国民政府对民族体育的官方称谓——土体育。"所以，可以理解为国术涵盖的范围远大于当今武术的涵盖范围。中央国术馆举办的国术考试中，并非局限于简单且单一的运动项目，而是属于徒手与器械格斗竞赛的核心体育体系，更精准地讲，它属于民族体育体系。《国术考试条例》与《细则》中明确规定，国家、省级、县级的考试中都包括文科和术科两种。所谓的术科考试，其考试项目主要涉及五大类项目：搏击项目、摔跤项目、劈剑项目、刺枪项目、拳械项目。基于此，民国时期的"国术"的结构依然属于多元化的复合体。再来审视当今的武术，武术属于"国术"中的一部分。

1943 年，在《中国国术馆成立十五周年纪念宣言》中，再次深化了对武术的定义："所谓民族体育者，即我国固有之武术也，源远流长，体用兼备，不仅在运动中具有健身价值，且对于自卫上有显著之功效。"武术的这个概念，是对 20 世纪 30 年代武术观点的延伸，将民族体育视为武术，明显略有失偏。基于逻辑学视角来讲，两者存在鲜明的隶属关系。也正因如此，武术成了中华民族传统体育运动项目中不可或缺的重要组成部分。

1949 年，中华人民共和国成立，助推了民族体育的有序、稳健发展，夯实了民族体育在体育中的地位。最初属于"国术"范畴的运动项目已经进行了分化与提炼，"武术"一词被重启。不同的是，单独设立了"摔跤"这一项，不仅如此，还赋予了其学名——中国式摔跤。基于术语意义视角来讲，武术成为当今大众熟知的多元化运动，包括拳术运动、器械运动、对练运动、集体演练及对抗类散手和摊手运动等。

1957 年，以"武术性质问题"为主题的讨论会在北京召开，与会人员 21 位。经历了两天的激烈讨论，最后达成主要观点的共识。他们认为：技击属于武术的核心特点，更是其质的体现，现代武术属于以强身健体为主要目的体育运动项目。武术属于中华民族传统体育不可或缺的内容，更是中华民族传统文化遗产中的重要项目。武术有着至关重要的健身价值。

20 世纪 50 年代，人们再次提出了新观点——武术即是技击。该观点是该历史时期极具代表性的观点。即便如此，在后续的发展中，武术的此观点被众多学者进行批判，理由是"唯技击论"。

1961 年，武术的概念得到了进一步深化，体育学院本科讲义《武术》作为我国首部权威性武术书籍出版，该书中对武术概念进行了较为全面的解释："武术是以拳术、器械套路和有关的锻炼方法所组成的民族形式体育。它具有强筋壮骨、增进健康、锻炼意志等作用，也是我国具有悠久历史的一项民族文化遗产。"这段对武术概念的表述的重点在于，强调了武术与民族形式体育的关系——武术属于民族形式体育。与此同时，该表述强调了武术的社会功能、运动形式，在当时引发了众多学者的高度关注。该书在最后论述了武术的第二大特点，即武术是通过提炼攻防技术，最终形成的民族体育项目。此观点在论述过程中对武术的技击特点有意识地进行了淡化处理。

1978 年，体育系通用教材《武术》出版，该书对武术的概念展开了具体的论述，并在原有概念的基础上融入了新的内容。体育系通用教材《武术》中认为，武术的动作素材众多，包括踢、打、摔、拿、击、刺等攻防格斗动作，并以动作套路表现出攻与守、进与退、动与静、急与缓、刚与柔、虚与实等独立关系的变化，探索其规律后将其编成徒手动作套路、器械动作套路。武术是民族形式的体育运动，其特点是可以增强参与者的身体素质、培养参与者的意志力、提升参与者的训练格斗技能。该书武术的所有特点都展开了全面且详细的概括，除了明确武术属于民族形式的体育运动外，更强调了其社会功能性——培养参与者的意志力、增强参与者的体质。与此同时，该书进一步说明了武术的技击特点，还强调了武术将攻防格斗动作作为主要素材的特点。《体育系通用教材·武术》中还涉及训练格斗技能的动能的论述。显然，该书除了强化武术的技击特点外，更对其民族形式的体育运动的概念展开了系统论述，赋予现代武术体育的属性，使体育、武术、文化三者的关系得以高度契合。以上概念将武术的所有内容涵盖其中，为专家、学者对武术概念的研究提供了思想指导。

1990年，国际武术联合会成立，这也意味着武术正式走向国际"武台"，按照我国对武术的称谓，在国际上将其称之为"Wushu"。中国与国际"武术"一词的确立，为武术的国际化发展奠定了坚实基础。同时更标志着原始的技击、武艺、国术等在经历了漫长的继承、发展后，由具有复合性、外延性、广泛性的民族体育体系，转变为呈现着中国传统文化的体育运动项目。

第二节 中国武术文化的发展沿革

一、中国武术经历的两个发展阶段

中国武术经历了两个发展阶段——萌芽阶段和形成阶段，以下是具体论述。

（一）中国武术的萌芽阶段

武术从孕育到成型，经历了漫长的发展过程。武术的产生与人类的劳动过程存在密不可分的关联。例如，武术的萌芽阶段是在人类获取生活资源、为生存与大自然不断斗争过程中逐渐形成。换言之，在原始社会末期，人类生存部落发生战争时，人类对武术格斗技能的需求较强，因此对武术的雏形的形成有重要影响，但其根本影响是劳动。

原始社会时期，人类的生产力水平是非常有限的，加之自然环境的恶劣，人类要想生存下来，特别是获取充足的食物，就需要与野兽进行斗争。此时，人类需要依靠群体的力量获取食物，与自身赖以生存的环境展开斗争。人类在生产过程中，例如猎取食物时，需要凭借击打、躲闪等动作进行自卫和发起进攻。必要时，人类会选择可用的工具获取食物，例如手持石头、木棒等攻击野兽。在与野兽斗争的过程中，形成很多肢体动作，例如劈掌、砍剁、刺杀等。这些动作都形成于人类的本能自卫、目的达成（获取食物）的过程，但是其自卫与攻击的动作、技巧尚不能被认定为武术萌芽。之所以这样讲，是因为在人类相互搏杀格斗过程中，"攻"与"防"才更明确，然后才是技术的不断创新、提升。基于此视角来讲，此过程更符合技击的逻辑本质。中国武术初期的相互搏杀技能，为中国武术的逐渐形成奠定了坚实的基础。

进入旧石器时代，特别是旧石器时代后期，人类打制石器，用于制作生产工具的能力有了较大进步。也正是该历史时期，尖状的石器、具有攻击性的巨大石球、石手斧、利用动物骨骼加工成的矛等器具开始大量涌现。

进入新石器时代，人类的创新能力达到了新的高度，越来越多的石斧、石铲、石刀及利用动物骨骼制作的鱼叉、箭链等工具，出现在人们的生产生活中。不仅如此，用于制作工具的材质也得到了较大发展，出现铜斧等工具并被人们运用于生活中。最值得一提的是，人类使用工具的能力也在不断提升，此时，武术的雏形基本形成。

中国武术的真正萌芽是受到战争的启发。进入原始社会末期，人们发起战争，不再仅仅满足于生存需求，在很大程度上，人类会为自己的信仰而战，人类对领土意识更强，会因此发动战争。《吕氏春秋·荡兵》记载："未有蚩尤之时，民固剥林木以战矣……争斗之所自来者久矣，不可禁，不可止。"战争的发起，使最初人与兽的博弈逐渐转化为人与人的搏杀格斗，此时格斗的工具和技能性特点鲜明。战争助推了器械的发展、更新，加快了技击技术的形成与发展。

中国武术的形成，除受器械发展的影响外，还受当时人们传统理念的影响。例如，原始社会时期，无论是日常狩猎还是战争出征前后，人们通常会跳"武舞"。所谓"武舞"主要是模拟狩猎过程、战争场景，人们通过"武舞"，幻想并模拟杀伐动作，希望自己获得超自然的力量，最终取得胜利。基于实际效果来讲，该时期的"武舞"与当今军事演习的作用大致相同，是集知识、技能、身体素质训练等于一身的过程，是将实战格杀的经验通过特定方式完成演练。显然，此过程为武术套路的成型奠定了基础，更是武术形成过程中人类对武术感性认知向理性认识转变的过程。

综前所述，很多因素对中国武术的形成产生了至关重要的影响，也正是这些因素，为传统武术的形成过程奠定了理论、动作基础。

（二）中国武术的形成阶段

中国武术的萌芽阶段形成于原始社会的斗争中，同时它还是构成原始文化必不可少的组成部分。即便如此，中国武术尚未进入体育活动范畴，之所以这样讲，是因为其目的性并不鲜明。直到进入阶级社会后，中国武术才初步形成。

阶级社会发展过程中，战争及家族的私斗持续不断。此时，人们开始有意识的还原战场上的搏斗场面，并不断总结经验，不断练习击、刺、拳、腿等动作技能，还目的明确地进行动作技能的传授。受此影响，中国武术在发展过程中表现出了明确的目的性——更实用、更规范。此时，战争中所使用的兵器、武艺等也发生显著变化。中国武术的体系逐渐形成。为快速提升武术技能，在武术演练过程中，人们开始重视攻防技巧的运用，多样化技法开始形成，包括进攻、防守、反攻及伴攻的打法等。不仅如此，武术理论也在武术技术的快速发展中得到不断完善。

二、中国武术的多视角发展

（一）中国武术理论体系的构建

武术理论系统的深度探究，是助推武术快速发展的核心动力，更是衡量武术是否发展成熟的标志。

社会快速发展过程中，武术的深度研究陆续展开，众多的专家、学者都参与到武术的深度研究中。同时，大量的学术成果集中问世，部分论文被纳入亚运会、奥运会科学大会学术讲坛中，武术理论的研究正式进入多学科、多层次的立体型研究阶段。经历了长时间系统的、深入的研究，武术理论体系框架基本成型，武术技术体系理论的研究已见成效，武术学科体系正式进入新的发展阶段，变得越来越科学和严谨。即便如此，武术理论仍然存在无法做出科学阐释、理论指向的问题，武术理论研究还需持续发展。

（二）中国武术教育体制的发展

1. 中华人民共和国成立前，武术初步进入学校教育

1915年，在全国教育联合会上首次被提出的——《拟请提倡中国旧有武术列为学校必修课》。次年，教育部门正式对此议案进行采纳，武术正式进入学校课程。各大学校开始陆续开设武术课，"尚武"之风在教育领域正式拉开帷幕。经历了几十年的发展，于1936年，教育部门正式颁布了《暂行大学体育课程纲要》，其中规定了国术的内容，武术在纳入学校教育后进入了其摸索发展的第一步。

2. 中华人民共和国成立初期，武术的学校教育初成规范

1949年，中华人民共和国成立，武术文化首次受到国家重视，并被作为民族文化遗产进行保护与传承。1952年，中央人民政府体育运动委员会（现中华人民共和国国家体育运动委员会）正式将武术列为推广项目，正式对武术等民族形式体育运动展开挖掘和整理工作，并展开了针对武术等民族形式体育运动的继承与推广工作，这无疑对展开武术的学校教育奠定了基础。经历了4年时间，1956年，中华人民共和国国家教育委员会（现中华人民共和国教育部）颁布的首部全国通用的《中小学体育教育大纲》，其中包括武术方面的内容。

3. 改革开放时期，武术的学校教育复苏并快速发展

1978年3月，中央人民政府体育运动委员会（现中华人民共和国国家体育运动委员

会）颁布多部关于体育教育的文件，与武术相关的有《十年制小学体育教学大纲》和《十年制中学体育教学大纲》(试行草案)。这两个文件均明确提出了武术教育的要点——"保留武术本身的风格和特点"。1982年12月，国家体育运动委员会（现国家体育总局）在北京召开首次全国武术工作会议，此次会议先是对过去几十年的工作进行总结，随后明确了武术在学校教育的方向——"加强学校武术教育的师资力量"。也正是本次会议，明确了武术在学校教育中的地位，并为后续的学校教育发展奠定了坚实基础。1987年正式颁布《全日制中小学体育教学大纲》，次年，武术的学校教育内容有了调整和进一步明确，新增攻防技击练习外，还融入了五禽戏、八段锦等具有代表性的传统武技内容，丰富了学校武术的教学内容。武术的学校教学也从最初的单纯的技术层面的教学拓展为学生精神文化层面的教学。1998年，中国武术发展进入新阶段，武术的段位制文件正式颁布。

4. 21世纪至今，武术的学校教育成功转型

21世纪初，由武术研究院牵头，国家体育总局组建了《关于武术教育改革和发展的研究》课题组，该课题组的重要工作之一是使段位制与武术的学校教育相结合。这无疑拓宽的武术学校教育的发展之路，并为其不断发展提供了全新思路。中国申奥成功后，于2008年迎来奥运会，武术以特设项目的形式在北京奥运会期间举办。武术在学校教育中的地位不断提升，其教育内容也从单一的技击教育拓展为精神文化教育，包括爱国教育、文化传承教育等。2013年9月，我国开展了武术教育改革理念，将武术学校教育的重点放在关注学生体质、健康方面。2015年，中华人民共和国教育部选择了包括武术在内的7个项目，开展中小学体育教育大改革，将教育重心放在提升学生体质、提升学生健康水平、提升学生运动技能方面，将教学目标放在培养健全人格的时代新人。武术的学校教育积极响应教育改革要求，更加重视武术专业技能与精神文化的融合教育，武术的学校教育拉开了武术内在精神文化价值教育的序幕。2016年，国家体育总局武术运动管理中心制定了《中国武术发展五年规划（2016—2020年）》，使武术的学校教育更上台阶——重视武术文化传承、发展以及武术人才的培养。2021年，提出《中国武术教育倡议》，该倡议以"立德、增智、强体、育美、尚劳"为统领，为武术的学校教育树立了新标杆，"不断树立武术德育、持续探索武术智育新方案、努力打造武术体育新样态、继续提升武术美育新境界"等，其教育主旨在于将中国武术的德智体美劳教育价值充分发挥出来。

（三）中国武术竞赛体系的发展

经历了长时间的发展，中国武术逐渐形成竞赛体系。1953年，天津成功举办了以武

术为主题的全国民族形式体育表演及竞赛。该活动的顺利召开，标志着武术已经正式进入竞赛领域。时隔三年，北京举办了武术表演大会，此次活动共有 12 个省（区、市）参加。这两次以武术为主的竞赛，为武术的再次发展奠定了基础。终于，在 1957 年，原中央人民政府体育运动委员会（现国家体育运动委员会）正式将武术确定为比赛项目。

1958 年 9 月，北京再次召开武术大型活动，即全国武术运动会，此次大型活动共有 27 个省（区、市）单位参加。活动结束后，中国武术协会迅速组织专家，完成了《武术竞赛规则》的起草（以下简称《规则》），这也是中国首次以长拳、南拳、太极拳为主要竞赛内容的《规则》，中央人民政府体育运动委员会（现国家体育运动委员会）于次年正式批准《规则》施行。同年 3 月，全国青少年武术运动会正式启用此《规则》，武术被视为体育项目，武术竞赛的体系已见雏形，武术竞赛的发展正式步入正轨。经历了长时间的发展，于 1990 年，武术正式成为亚运会的比赛项目。1997 年，武术正式成为全运会的比赛项目，也成为当时全运会中唯一不是奥运会项目而被纳入全运会的比赛项目。2003 年，我国开始为武术运动申请纳入奥运会项目做准备，对《武术（套路）竞赛规则》进行了较大范围的修订，由此明显提升了武术比赛评判的客观性。2012 年《武术套路竞赛规则与裁判法》发布，助推了中国武术的快速发展。除此之外，自 2004 年开始，我国在弘扬中华武术传统的同时，加强了世界范围的中国武术交流。为增进了各国人民的友谊，国际武术联合会、中国武术协会特举办世界传统武术锦标赛，每两年举办一届。最近一次的世界传统武术锦标赛于 2023 年 8 月 23 日至 28 日在四川省峨眉山市举办。

第三节　中国武术文化的价值辨析

一、武术的实用价值

基于武术文化的实用性视角来讲，中国武术的价值与作用表现在多个方面——强身健体、防身自卫、修身养性及娱乐观赏。人们在参与武术运动的过程中明显提升了自身体质、振奋了民族精神。

（一）增强体质的价值

社会飞速发展过程中，人们的生活水平也得到明显提升，人们开始重视健身、养生。这也标志着社会文明的快速发展。

人们除了提出健身、保健的需求外，还对健身、保健有了全新理解，健康不再局限于没有疾病，而是开始从身体和心理两方面判断自身健康与否。武术运动可以满足人们的健身、保健需求。在参与过程中，武术运动非常讲究精神、意、气等与动作的内外相合，也正因如此，武术除了可以展开形体训练外，更能让参与者的身心得到锻炼。武术中所讲的"内外兼修"理念，为人们树立了全新的健康意识。武术强调对人身体、心理的全面锻炼，外练筋骨皮，内通经脉，调养精神。武术的很多功法非常注重调息行气，更是意念的训练。这样的训练过程可以有效调节人体的内部环境、有效改善人体机能、明显提升人的体质素质。基于此，展开系统的武术训练可以有效提升人体的综合素质——速度、力量、灵敏度、耐力、柔韧性及身体的协调能力等。更重要的是，武术还能修身养性，帮助人保持乐观情绪，不断调节人的精神、情绪，使人始终处于身心协调一致的状态，最终实现持久的健康发展。

（二）防身自卫的价值

中国武术较为鲜明的动作特点是踢、打、摔、拿、击、刺。在多种动作的训练中人们不仅能完成对手、眼、身、步的锻炼，还能完成对精神、气力的锻炼。正应了那句歌词"站如松、坐如钟"。武术运动参与者除了可以掌握多种踢、打、摔、拿、击、刺的技击方法，更能改善身体协调性，提升身体的灵活性与反应能力。如果坚持练习武术，除了可以提升身体素质外，更能提升自身的抗击打能力、自卫能力。

武术训练过程中少不了套路训练与搏斗训练，其中技击动作是武术训练的主要内容之一。套路训练虽然多以演练形式出现，但是可以让参与者掌握实用的拳法、掌法、腿法、擒拿法及快摔法等，其中散打、推手等较多招式都可以被直接运用于搏击战、防卫战中，体现了武术的自身防卫价值。

（三）修身养性的价值

通过前文的论述不难看出，武术既能增强人的体质，还能提升人的防身自卫能力。事实上，武术的价值不止于此，武术还有修身养性的价值。武术文化强调的是人与自然社会，以及人体内外的和谐统一，其指导思想是人与自然的融合，在人才教育中同样发挥着潜移默化的作用。

武术具有典型的中国传统文化特点，更注重人格的内外双修，其理论中蕴含了广博而扎实的科学文化知识，彰显了积极进取的人生态度。中国传统武术在不断发展过程中，始终秉承重礼仪、讲道德的传统教育理念。在练武中学习品德——尊师重道、讲理守信、见义勇为。真正做到在武术练习中实现自我反省、自我体察，让自己的身心达到极佳的境界，由此凸显了武术修身养性的价值。

(四)娱乐观赏的价值

武术在具有鲜明民族文化特点和较强的艺术魅力的同时,具有较高的观赏价值。无论是武术的套路运动还是武术的搏斗运动,长久以来都是人们喜闻乐见的运动。

武术的动作形式丰富且多变。在长时间的发展中,武术受到中国古典美学的影响与熏染,体现出较高的审美价值。武术展示的是"形"之美,不失雄健有力之感。武术可以给人较强的形体感、节奏感和协调感,整套动作行云流水、从容惬意,给观者内外合一之感。

竞技武术的套路特点更为鲜明,其动作套路具有高、难、美、新的特点。动作招数生动韵律、气势如虹,具有极强的观赏性。不仅如此,武术的练习方式多样,参与者完全可以根据自己的兴趣偏好选择自己喜欢的参与方式。例如,群众性技艺切磋、思想交流等,可以使参与者在健身过程中不仅娱己还能娱人。

二、中国武术的文化价值

中国武术之所以可以经久不衰,除了武术自身有多样化的实用价值外,还体现了其社会价值,对外彰显了其深厚的文化魅力。

(一)武德与武艺的统一

中国武术的武德观念中,最鲜明的无疑是"德"与"艺"统一的表现。中国传统文化长期以来非常提倡社会与个人道德理想的实现。儒家理论和道家理论拥有相同的道德理念——追求个人的自我完善。基于中国"礼仪之邦"的美誉视角来讲,中国文化在形成过程中,其道德水准始终与社会进步、社会发展的评判相关联。中国武术因为受到中国传统文化的影响,在其不断发展过程中,形成了具有中国特色的道德要求及道德评价体系,这也使得中国武术文化成为中国文化的一道绚丽风景线。

在训练中国武术的过程中,人们非常重视对武德的考察,某种程度上对武德的重视程度胜过武技。在众多的中国武术影片中,我们都可以看到因为徒弟欠缺武德而无法得到师傅真传的桥段。由此不难看出,武德在武术传授中至关重要,同时这也是武术文化特点之一——道德至上。

长期以来,传统武术项目均能彰显出东方文明的独有气质——争斗且不失礼让,有劲但并不粗野,感情饱满的同时含蓄内向。中国武术的魅力主要体现在蕴含其中的中国文化、中华文明和动作优美化方面,可以给观者极强的美感。这与西方文明中表现出的壮烈、惊险形成了剧烈反差。由此可见,中国武术中,除了讲究"德",更讲究"艺",

体现的是"武德"与"武艺"的统一，中国武术在其感性活动的本质特征外，还体现了浓厚的理性因素。

（二）务实与恒久

中国文化精神形成于千百年的农耕生活、生产中，最终形成了务实精神、恒久意识，赋予了其鲜明的中国文化特征——重实际，黜玄想。变易中追求不变，有限中追求无限，表现为永恒、久远的行为观念。习武之人都知道的业内俗语"一日练，一日功，一日不练十日空"，以及习武之人经常会说的"功到自然成"，均可以表现出中国先辈在中国文化特征（务实精神和恒久意识）影响下而形成的武术练习意识和态度。中国武术的学习、训练是一个过程，除了学习武术技能外，更是长时间身心修炼的过程，所以习武之人的最高境界是武术的精益求精和永无止境的探索。对很多中国武术的参与者来讲，他们除了喜欢武术本身，更喜欢武术训练过程中的学无止境，这体现的正是他们的恒久意识。他们甚至视武技为生命，在永恒意识的推动下研修不止。

（三）有效塑造人格

拥有丰富的知识已经不再是现代社会强者的唯一标志，拥有强健的身体同样重要。现实生活中，不乏部分人因为片面追求外在形象，而在道德情操、责任感及社会使命感等方面表现出人格思想的欠缺，严重影响了这些人的意志甚至是自身价值，某种程度上，他们还阻碍了整个社会的进步。中国武术中蕴含了中国文化，在练习过程中非常重视个人内心世界的深化，武术中的这些文化思想非常有利于塑造人格。中国武术训练过程中，参与者需要不断提升自身的道德修养，因为只有有武德的人才能得到师父的功法传授，并在后续的学习、训练中不断提升自己的武德与武艺，最终实现德艺双收。重义守信既是习武之人实现自我价值的途径，更是彰显武术社会价值的方式。不仅如此，很多武术参与者都有一种凛然不可侵犯的正气之感，这也就是武学中所讲的"神"的外在表现，即"德"与"艺"的综合体现。武术中还讲究"谦和仁爱"，习武之人需要具备此修养，遇事可以做到忍让，不轻易与人交手，即使被迫交手也不可痛下杀手。

总而言之，中国武术的学习与训练过程是内外双修的过程，除了要练好武术，更要养成较高的道德修养。需要特别指出的是，虽然武术注重人格修养的养成，但并不是让习武之人都成为传统文化伦理中的"中庸和平"之人——为人软弱，逆来顺受。而是在新时期背景下，习武之人除了拥有健康的身心外，还要有积极进取的态度，有强烈的国家责任感、历史使命感。

综上所述，中国武术讲究的是人与自然、人与社会的统一，以及人的自身内外的和谐。这些对在新时期背景下人们塑造健全的人格起到了至关重要的作用。

（四）树立正确的竞争意识

人类社会经历了长时间的发展，对历史经验的不断总结后，人们发现竞争是社会持续发展的核心动力。中国传统文化浸润下的中国武术文化体现了竞争的意识。

基于中国传统文化视角来讲，我国文化倡导"中庸""礼让"和"不为人先"，是一种对竞争意识的蔑视与抑制的文化意识和心理结构。中国武术的思想是"尚武崇德""武以养德"，从中不难看出，武术的"德"与和武术的"力"是相辅相成的。在武术学习和训练过程中，参与者能在锻炼身体、强化体能的同时，磨练出顽强的意志品质，由此培养习武之人特有的高尚道德情操、自强不息的武术精神，有效避免在社会竞争中表现出攻击、侵略等不良竞争。

（五）文化的有序传承

中国武术经历了长时间的发展，其发展过程受中国传统文化、东方哲学思想的影响，并融入自身科学体系的构建中。因此，无论是武术的拳理和拳法，还是武术动作和套路，都表现出浓郁的中国传统文化气息。武术在蕴含中国文化的同时，更凝聚了中国文化的内涵，基于此视角来讲，武术完美继承了中国传统文化。

中国武术文化体现的是武术观念的形态，同时更是人们世界观、思维模式、心理特点、价值观念及道德标准的体现，是中华民族精神的结晶。中国武术文化在其发展过程中可以不断呈现在某种物质上，例如武术技巧、武术器械，甚至是武术训练方法等。武术运动的方式、武术精神文化都体现在自身的道德观念和心理状态方面。

武术文化并非一成不变的概念，随着其传承和发展，正在悄无声息地发生着微妙变化，除了会有新内容融入其中，还会有对异质文化的借鉴与融合。中国武术与西方体育文化存在明显差异，甚至表现出明显的冲突。因为西方体育文化的发展背景是古希腊文化，其发展过程经历了欧洲文艺复兴、19世纪以来的工业革命。因为其中蕴含的文化是多元的，所以西方体育项目都会有这些文化特点。而中国武术不同，武术文化是以自然经济为基础，尊崇儒家思想，它的形成环境封闭且植根于中国民族文化中。中国武术文化的特点是仁爱忠恕、温文尔雅。中国武术反对激烈的对抗与不正确的竞争，其发展始终追求与世无争。中国文化与西方文化存在较大差异，中国文化中唯象的东西多，而西方文化追求具体化，唯理的东西较多。在中国武术发展过程中，我们应在保持自身独立性、尊严、民族风格的基础上，对西方体育文化适度借鉴。

我国的快速发展世界有目共睹。在文化交流过程中，武术可以充当载体。美国曾流传一句话："不懂武术则不知中国人。"由此不难看出，武术已经成为中国的象征、中国文化的象征。传承中国武术既是在传承中国文化，又是在延续中华民族文化，使其可以屹立于世界民族之林。

三、中国武术的社会价值

（一）交流价值

武术可以拉近人与人之间的距离，因此可以成为增强团结、促进友谊的方式。在不断推广武术运动的过程中，越来越多的人认识武术、喜欢武术，最后主动参与到了武术运动中。而群体性质的武术活动，多是结实朋友，即武术界所讲的"以武会友"，在武术活动中，展开交流，切磋武艺，达成思想的共识，拉近人与人之间的关系，加强人与人的了解，从而助力和谐文明社会的实现。武术逐渐走向世界，使得以武术为主题的国际交流活动越来越多，很多国外友人爱上了中国武术，不远万里来到中国学习武术，在武术学习、训练过程中，不断深入了解中国传统文化。不仅如此，武术作为中华民族的优秀传统文化，还是具有中国特色的体育项目，在国际交流中也发挥着不可替代的作用。国际体育文化交流促进了国家与国家之间的文化交互，在彼此的不断深入了解中，建立了彼此间的信任，非常有利于人类社会的和平发展。

（二）审美价值

中国武术的重要价值还表现在武术哲学意蕴的审美价值方面。长期以来，中国武术非常注重内在的自我充实与外在的神意的和谐统一，最终实现"形神合一"的意境。

中国武术的审美价值具体表现在三个方面：①中国武术非常讲究身体动作的规范，包括手、眼、身法、步伐等。与此同时，更讲究内在的精、神、气、力的统一，注重参与者意念思维的培养。在武术训练过程中，将武术精神、节奏、风格体现出来，由此达成武术形神兼备的审美特征。②基于中国武术的搏击竞技视角来讲，武术可以将人的力量美、灵动美、柔韧美、速度美表现得淋漓尽致，由此让参与者获得美的享受。③中国武术可以通过对自然界中景象、不同动物姿态的模拟，以武术动作将武术文化表现出来。具有代表性的武术动作有白鹤亮翅，该动作就是以动物姿态命名的，同时也体现了中国传统武术的独有含蓄美、深邃美。

(三)经济价值

中国武术的经济价值是毋庸置疑的。体育产业化迅猛发展过程中,中国武术也开始步入市场化,正式走上产业化发展道路。此时中国武术的经济价值表现在两个方面:第一,中国武术体现竞技性的同时,更体现了观赏性。在对中国武术展开宣传、组织活动的过程中都会随之开展相关的经贸活动,具有代表性的有"武林大会"等活动。无论什么武术活动,都是极佳的"武术搭台、经贸唱戏"的表现机会。第二,中国武术具有的健身、修身的作用,这其中就赋予了武术巨大的潜在经济效能。利用武术学习与训练,可以有效帮助参与者提升身心健康,提升参与者学习效率、工作效率,某种程度上助推了社会的快速发展。基于经济学视角来讲,武术已经基本形成产业,在其发展过程中会促进相关行业的发展,最具代表性的有表演、旅游、影视作品等。武术文化资源在开发过程中,既可以帮助国民、国外友人通过武术了解中国文化,还有利于推动社会经济的发展。

第二章　中国武术的文化内涵

武术文化已经在中华大地上绵延数千年。该文化已经植根于丰富多彩的中华传统文化的沃土，这也决定了武术文化的丰富内涵。本章基于哲学视角、美学视角、艺术视角、民俗文化视角，探究中国武术的文化内涵，为后续新时期武术文化的传承与可持续发展的论述奠定理论基础。

第一节　哲学视角的中国武术文化内涵

哲学思想的代表思想之一是"形神统一"，该思想可以用于中国武术的解读。武术的"形神兼修"是其重要原则，同时也是中国武术的重要特征之一。中国武术注重达成"形""神"的丰富层次内涵。

一、以人体层面审视武术文化

所谓"形"指的是形体，更通俗地讲，指人的身体、五官、躯干及筋骨皮等。而"神"的内涵主要表现在人的意识、精神及思维活动等方面。

二、以技术层面审视武术文化

武术中所讲的"有形"具体是指人的手、眼、身、法、步等。基于技术层面来讲，首先包括心理品质，即心、意、胆的体现。其次是气质体现，同时也是"神"的内涵的体现。

三、以内外层面审视武术文化

武术文化还可从内外两个层面对其进行审视，内是指人的心理和精神，表现的是

"神"。外是指具体的运动形式，即"形"。武术文化讲究内外统一，即实现形神的统一。

在武术学习、训练过程中，其基本准则是"以形传神"。换言之，武术的技术动作并非单纯的肌肉训练，而是锻炼人的精气神，即武术的内在。所以武术追求的是将内在的精气神等进行外化。武术是以精气神为动力源泉的。这也应了武术界的一句行话："内练一口气。"这是武术文化始终追求的以意引领气息，再以气息催生力量。武术文化蕴含了中国文化，并完美诠释了"形神统一"的哲学思想。

第二节　美学视角的中国武术文化内涵

一、美学对武术文化的影响

早在古代，美学思想已经对武术产生了重要且深刻的影响。进入现代以来，武术成了人们喜爱的健身方式，主要是因为该运动不仅可以健身，而且可以给人以美的享受。

武术可以分为徒手武术和器械武术两种，其套路多是以攻防格斗为主要动作素材，常见动作包括踢、打、摔、拿、击、刺等，在动作编排过程中，非常注重人体艺术的具象化表现。由此不难看出，武术与美学之间存在密切关联。

第一，武术的发展始终以"形神兼备"为基础原则，这也是武术重要的审美表现之一。武术运动中非常讲究将"神"表现为外在的"形"，而"形"的实质则是"神"的达成，武术学习、训练过程始终追求形神统一。基于武术套路演练视角来讲，"神"是随着"形"的变化而变化的，"形"随意动，蕴含深意，就会让整个武术动作套路显得生机勃勃。武术套路表现得行云流水，意境之美渗透于武术动作中。武术的美在于以其动作招式夺人，以其形让人感觉愉快，以其神令人感动，其气韵贯穿于武术演练的始末。无论是习武之人还是观武之人，都能在其中获得美的享受，沉醉于富有神韵的武术文化中无法自拔。

第二，传统美学特别重视意境美，这也是我国传统武术能够形成套路的一个主要影响因素。中国武术套路具有规范化的特色，而且节奏富于变化，这都是武术中"韵"的源泉。观赏者可以在观赏过程中获得美的体验与享受。在符合一定价值取向和满足审美需要的基础上，人们从艺术的层面对中国武术套路中具有攻防意义的技击动作进行加工，力求动作能够体现参与者的情感、精神，从而促进情景交融、情技交融、神形交融。

第三，无论是太极拳还是八卦拳，都与武术一脉相承，都讲究道家的美学思想。武术中的知识经过审美处理后便会更加易懂。例如，抽象的事理得到审美处理后可以变得形象化；科学规律得到审美处理后，会给人趣味感。即使是武术中总结的规律性的知识点，经过审美处理后，都可以通过简洁话语对其进行概括，使其严整性更高。

二、美学在武术中"韵"与"意境"的体现

（一）"韵"之美

基于武术文化视角来讲，"韵"是表现为整齐、和谐，富有节奏感的武术套路，具有规范化的特点。以"十二型"对武术的"韵"进行概括：一型快如风，二型缓如鹰，三型起如猿，四型落如鹊，五型重如铁，六型轻如叶，七型立如鸡，八型站如松，九型转如轮，十型折如弓，十一型动如涛，十二型静如岳。

武术文化的"韵"之美主要体现在三个方面。

1. 空间层次之美

武术动作的空间层次变化是非常丰富的，可以将其美学韵味之美体现出来。例如，"旋风脚接劈叉"是武术中的组合动作，该动作是高与低层次的变化。练习者需要在瞬间腾空，好似龙卷风一样一冲云霄，还需要在空中完成击拍动作，然后完成向低姿势造型的转化，非常像矫健的雄鹰，瞬间俯冲而下。该动作需要在较短时间内完成多个动作，并在多个空间完成动作转化，完美展现了来自空间层次的韵味之美。

2. 速度变化之美

武术还可以在速度中表现美学韵味。武术的动作有快慢之分，快的动作行云流水，让人精神振奋；慢的动作如和风细雨，给人恬静之感。总之，武术动作的速度变化可以让人感受到不一样的美感。

3. 节奏变化之美

武术的众多动作是非常有节奏感的，所以还可以通过其节奏感的变化让人感受到美学韵味。武术动作的节奏感来自动作的互斥变化。例如"动与静"中的节奏感、"起与落"中的节奏感、"快与慢"中的节奏感，以及"轻与重""高与低""刚与柔"等之间的节奏感。

（二）"意境"之美

"意境"一词通常出现在文艺作品中。例如，文艺作品中会讲究图景之美，主要是通过思想感情的融合进行美的传递，使作品体现出较高的艺术境界，这就是"意境"。基于武术文化视角来讲，"意境"同样存在且至关重要，通常体现在三个方面。

1. 武术动作

古代民间拳师在对拳术动作命名时，通常会从客观世界的诸多物态或社会历史中的人物典故中得到灵感。究其根本在于，通过这些灵感对拳技功法进行命名，可以赋予其美感，参与者可以在练习拳法过程中，对其神韵、意境进行思考和细细品味。最具代表性的是白鹤亮翅、金鸡独立等大众熟悉的武术动作名称。这些招式的命名都与自然界诸物关联密切，将动物舒展自如的情态反映在武术招式中，参与者可以从中感受到舞台艺术的造型之美。仙人指路等知名度较高的武术动作名称独特地表现了武术的意境与情趣，可以使人精准想象出其动作招式，无论是练习者还是观赏者，都可以在其中感受到其意境和神韵，甚至精美的文字底蕴。

2. 武术套路

武术套路中讲究的境界指情景的交融、情技的交融以及神形的交融。该境界的达成可以深化武术的文化意蕴，丰富武术文化的艺术内涵。

3. 武术拳谚

武术中的拳谚有其独有特征，具体表现在内容简洁且严谨、知识具有新鲜感、事理较为形象、规律和情趣性强等方面。具有代表性的是"吐为落雁，纳为鹰扬"，"巧打流星，顺打鞭"等，这些都是非常有名的武术拳谚，可以将武术套路的内容、"情节"精准地表现出来。值得一提的是，其表述是传神的，也正因如此，武术本质中的意境同样可以通过拳谚表现出来。

武术文化有其独特风格。武术文化在内容丰富的同时，非常富有想象力，这些都可以从其意境中得以体现。不仅如此，武术的创造特征同样可以在意境美中得以体现，武术的意境之美也因此在美学境界中得到深化。

第三节 艺术视角的中国武术文化内涵

中国武术与艺术之间存在密切关联，与众多艺术相互影响的同时，还相互促进，共同助推了中华传统文化的快速发展与不断繁荣。以下从武术与杂技、武术与戏曲、武术与其他艺术形态的关系展开论述。

一、武术与杂技的关系

杂技是具有中国特色的表演艺术，对技巧性的要求是非常高的。原始社会中，因为生存需要，人类与自然展开争斗，从而彰显人类的力量与技能。久而久之，这些斗争的方法逐渐转变成原始艺术，即杂技萌芽。杂技经历了从谋生到娱人的发展过程，它的出现、发生、发展时间与武术大致相同——武术从最初的自卫本能升华为攻防技术，杂技从最初的谋生到娱人娱己。

基于表演艺术形式视角来讲，杂技与武术是非常相近的，甚至部分杂技项目源于武技。杂技在我国发展的历史悠久，因为与武术非常相近，因此对武术产生了较大影响。在古代，杂技可以分为七大类型，即力技、形体技艺、幻术、投掷技、乔装动物戏、动物戏、滑稽。这些杂技中有很多内容来源于武技。由此不难看出，武术与杂技之间存在密切关联，两者的关系是同源共生、互传互补的。

在古代，武术无论是形成还是后续发展都离不开杂技，两者甚至高度契合。武术运动中会运用到兵器，这些兵器很多都是杂技中的表演道具。比较具有代表性的是杂技中使用的"飞叉"，其原形是武术器械。不仅如此，杂技练习中也会用到武术的训练方法，也讲究"内练一口气，外练筋骨皮"。杂技与武术的相同之处还包括都用到硬功和柔术，凭借其独特的表演风格、艺术魅力使其在舞台上长久不衰。

二、武术与戏曲的关系

中国戏曲的重要表现形式包括唱、念、做、打，正是这些表现形式将戏曲与武术密切地关联起来。

基于戏曲的表演形式来看，其属于载歌载舞，所以，它的起源是歌舞。中国戏曲同样属于表演艺术，其凭借自身的独特风格，在世界戏剧体系中占据了较高地位。需要特别指出的是，中国戏曲之所以在世界各地都能产生广泛影响，主要是因为融入了歌舞元素。不仅如此，戏曲还包含丰富、精彩的武打艺术。

可以说，武术对戏曲发展的影响是积极的，戏曲中的武功很大一部分都是源于武术。基于武打技术视角来讲，戏曲武打艺术与武术的发展几乎同步。不仅如此，戏曲内容的发展与成熟同样受到武术的影响。简言之，武术对中国戏曲的影响是多元且全面的，其文化层面的影响是更加深入的。

三、武术与其他艺术形态的关系

武术并非仅与杂技、戏曲等动态艺术间存在密切关系，还与静态艺术存在密切关系，例如与壁画、民间传说等。古代宫室、庙堂中都可以看到壁画，其素材的信息量也是非常大的——关于狩猎、关于武士等，这素材都与武术相关。古代民间传说中与武术相关的故事非常多。不仅如此，后来出现的武侠小说多以武术文化为主。

武术的文化内蕴丰富，发展过程中出现了健身武术与竞技武术，并实现了其多样化发展，在世界范围内产生较大影响力。不仅如此，武术博大精深的文化伴随其对外传播逐渐被世界人民所关注，并在促进国际文化交流中发挥着重要作用。

第四节　民俗文化视角的中国武术文化内涵

早年间，武术主要流传于民间，究其根本，武术与民俗活动之间存在密切关联。武术活动通常是以民间游艺的方式活跃于农闲、庙会或重要的节日，武术通常以表演形式出现，多与舞龙、舞狮的表演相结合，最后成为约定俗成的民间游艺活动，在民俗活动中占据重要地位。也正因如此，武术被赋予了浓郁的民俗色彩。

龙是古代传说中的神兽，寓意吉祥，人们会以舞龙的方式求雨祭招。在中国，舞龙运动的历史悠久，这是一项群众基础极佳的民间活动。舞龙运动的民俗色彩浓郁，表演的一招一式都有其独有的讲究，很多步伐与武术招式非常相似。舞龙过程中，引龙人需要将自己的手、眼、身、法、步的技法充分发挥出来，由此赋予龙灵活之感，让龙眼可以左右、上下活动，可以在多人的配合下完成长龙俯仰翻转的动作，每个动作都优美洒脱、灵动自如。舞龙头者的责任重大，除了要紧随龙珠灵活地腾、跃、翻、滚，更要时刻顾及与龙身、龙尾扮演者的配合，整个表演要做到快而不乱，活而不懈；龙身与龙尾之间的配合要紧密，整条龙的动作都协调统一。为实现最佳的表演效果，舞龙者需要遵循武术要求，做到"腰胯能运转，上下自协调"，做到"身如游龙、腰似蛇行"。换言之，舞龙过程中的整体配合非常考验舞龙者的舞蹈和武术功底，只有拥有扎实的武术功底，才能将巨龙的翻江倒海之势彰显出来。

舞狮属于典型的民俗活动，传播广泛、蕴含浓郁的民俗风情，同时它还是一项体育运动。每逢春节、元宵节，人们都要表演舞狮。在他们看来，舞龙是非常隆重且喜庆的仪式，人们也喜欢通过这种方式祈求国泰民安。

最早记录舞狮的文献是《汉书·礼乐志》，其中孟康注："若今戏虾鱼、狮子者也。"舞狮表演要求舞狮者基本功扎实，如此才能实现神兽的灵动的步法、矫健的身姿，再通过手、眼、身、法、步的配合，最终完成跌扑、翻滚、跳跃、翻腾等具有较高难度的动作。舞狮运动既能提升人的力量与速度，又能提高人的耐力与身体灵活性。在艰苦训练中，可以培养参与者坚韧不拔的意志品质。

武术与舞狮的关系是非常密切的，某种程度上讲，二者之间是互相助推、共同发展的。武术在舞狮运动的快速发展中发挥了助推作用。例如，武术的套路动作很大程度的丰富了舞狮文化的动作和表现形式。反之，舞狮动作也对武术的发展发挥了积极作用，舞狮的部分动作被武术所吸收、再创造并利用。最具代表性的是南狮，其基本步型、技法都来自武术——四平部分、弓步等（来自南派拳术）。不仅如此，武术中的象形拳与南狮的很多动作更是有异曲同工之处，但两者的本质区别在于武术追求的是对模仿动作中的技击的完美提炼，而南狮则是在模仿的过程中，深化了动作本身的意蕴。

第三章　区域武术文化的传承与发展

中国拥有56个民族，他们在幅员辽阔的中华大地上繁衍生息，经历了千年的发展，创造了绚烂多姿的民族文化，其中也包括武术文化。受生活区域的影响，不同区域的文化存在较大差异，即使是同一区域的武术文化，也会存在明显异同。

第一节　武术文化的区域分布概况

一、区域武术文化的理论研究

中国地大物博，受区域影响，不同区域的经济文化、发展差异较大。基于武术文化视角来讲，不同区域的武术文化，除受到区域风俗民情的差异性影响外，还受到诸多条件限制，最终使得区域武术各具特色。区域文化的传播与发展是受区域限制的，虽然经历了长时间的发展，但最终形成的文化表现出了鲜明的区域特征，将其特有的物质与精神文化叠加该区域，构建了该区域的文化重心，在不断深入研究和不断开发过程中，逐渐形成具有该区域文化特点的文化。正因如此，区域文化体现的是该区域的历史文化、民族文化、宗教文化。

中国武术流派众多，而这些流派的发展多是以区域文化为依托的，他们在区域文化中孕育和发展。最具代表性的是少林武术。该武术流派是以中原文化为依托，除此之外还有武当武术，依托于道教文化。峨眉武术通过与峨眉山的佛、道、儒文化相互融合，最后以峨眉山为标志、以巴蜀文化为依托快速发展起来的。

中国武术中还有众多拳种，它们同样是从区域文化中派生出来的，受区域文化的差异性影响，在其发展过程中逐渐形成鲜明的区域风格、独有内容。该武术拳种的形成与其所属社会、地理环境有关，最后孕育了蕴含丰富文化内涵的民族文化（武术文化）。地理环境会对人的生产、生活习惯产生直接影响，最终形成人类不同的活动方式。加上诸多因素的影响，使不同区域的文化相隔离，并有效地保持了不同的地域文化。

20世纪20年代，已经有了与武术相关的史学考证资料，包括唐豪的《少林武当考》、徐震的《国术论略》。1983—1986年，武术文化受到国家重视，将武术文化的挖掘工作提上日程，展开了全国范围的武术文化挖掘与武术文化整理工作，由此推动了区域武术的快速发展。20世纪90年代，越来越多的学者加入到了区域武术文化的研究工作中。最具代表性的研究者是蒋松卿，他撰写了《楚文化与楚国武术》[1]，高正撰写了《武当山与武当武术》[2]，刘绥滨撰写了《四川武术与武当拳的渊源》[3]等。不仅如此，还有学者从不同视角对区域武术文化展开研究。最具代表性的是秦文忠，他从多视角论述了武术文化，对其源头、发展、文化内容以及特点展开论述，甚至将武术文化与民族精神一起展开论述。[4]李德祥在武术文化的研究中也做出了重要贡献，他将武术的整体文化作为论述的切入点，深入探究了哈尼族武术的发展、武术文化内容以及武术文化的特点、作用。[5]陈荣亮对区域武术文化的论述比较有新意，他撰写的《闽台武术文化渊源管窥》是对闽台武术文化的深入考察和系统论述。[6]

虽然对区域武术文化的论述较多，但是对于武术地理学的研究多停留在表层，展开的多为叙述，对于武术文化的研究显得尚不够深入。简言之，在对武术文化展开论述的过程中，特别是区域特征的研究，尚未形成模式和规律，更谈不上系统性。所以针对区域武术文化研究的课题，申国卿认为，需要展开系统的深入探究，并逐步完善。[7]

进入2000年以来，众多学者加入到了区域武术文化的研究中，并陆续发表了区域武术文化相关的学术文章，从文化视角对武术和地域文化的关联性展开更深入的研究。

2003年，郭志禹发表了《传统武术历史与文化信息内容构架的研究》一文[8]，这是一篇以武术历史、武术文化内容以及区域武术理论为论述点的文章，论述中结合了当前中国武术发展现状，并提出崭新的武术历史与文化发展理论——区域武术文化的多元模式理论。其中对"地域武术文化"概念做了界定——通常从古代沿袭或者以俗成的历史区域为鲜明历史烙印、痕迹的武术文化，还为区域武术文化的深入研究提供了全新思路——从地域文化到武术文化，再到地域武术文化。

2004年，武术管理中心开始确立研究课题——区域武术文化相关的课题"地域武术文化理论框架研究"。该课题的确立真正标志着我国武术管理部门开始重视区域武术文

---

[1] 蒋松卿：《楚文化与楚国武术》，《中国武术与传统文化》学本论文集1990年版。
[2] 高正：《武当山与武当武术》，《武术健身》1991年第1期。
[3] 刘绥滨：《四川武术与武当拳的渊源》，《武当》1993年第4期。
[4] 秦文忠、刘汉杰：《沧州回族武术文化探源》，《西北民族研究》1997年第1期。
[5] 李德祥：《中国哈尼族武术文化初探》，《云南师范大学学报》（哲学社会科学版）1994年第6期。
[6] 陈荣亮：《闽台武术文化渊源管窥》，《中华武术》1991年第11期。
[7] 申国卿：《地域武术文化研究初探》，《武汉体育学院学报》2008年第4期。
[8] 郭志禹：《传统武术历史与文化信息内容构架的研究》，2004年国家体育总局武术运动管理中心课题。

化的研究工作，并明确了各自工作的重视与态度。

2006年，两位学者共同以区域武术文化为课题，以区域文化视角为切入点，借鉴和深入研究了区域武术文化众多相关的文献资料，并借鉴了原有成熟文献的逻辑推理方法，再次对区域文化展开深入研究，最后确定了中国区域武术文化的研究对策，从武术的区域分布、武术形成的地域文化背景展开论述，为区域武术文化的后续研究拓宽了思路。这两位学者分别是郭志禹、郭守靖。[1][2]还有学者从不同区域的人文条件、自然条件对武术文化展开论述，探究了区域文化对不同武术拳种的产生、发展的影响，其代表人是马敏卿。他以齐鲁文化对武术拳种的影响为切入点，论述了区域文化对武术文化的熏陶与滋润，以及形成的极具代表性的区域武术文化。[3]齐鲁地区有着独特的风土民情、丰富的文化，加之该地区的自然气候、地理环境的独特，为当地武术拳种的形成提供了丰富了人文因子，最终形成了丰富多彩的中国武术拳种。李玉兰站在区域文化视角，以区域武术文化的区域特征为课题展开论述，验证了武术与区域文化之间的互动关系，得到论述结论——区域武术文化存在差异性。[4]

综上所述，不同的区域文化可以孕育出更丰富的文化，最具代表性的是中华武术文化，该文化的形成、发展直接受到区域文化、区域环境的影响。其在长期发展过程中，逐渐融会并汲取了多地乃至社会环境的营养，最终发展成极具中国特色的民族文化。武术的鼎盛时期是明清时期，该历史时期形成了多样化的武术拳种流派，这些武术文化多是以纯粹的民间文化为基本形态的，所以该文化的区域特点非常浓郁，甚至可以从中感受到该区域的原始古朴风貌。据此可以认为，中国武术的母体——拳种都是以不同流派的区域文化为底蕴，并从中被成功孕育出来的。

二、武术的区域分布

中国幅员辽阔、地大物博，同时拥有丰富的民族文化。在这些区域文化中成功孕育了精彩的区域武术文化，以下重点介绍河北武术、山西武术、山东武术以及东南沿海地区的武术。

---

[1] 郭志禹、郭守靖：《中国地域武术文化研究策略构想》，《体育科学》2006年第10期。
[2] 郭守靖、郭志禹：《从地域文化学视角透视武术文化的地域性特征》，《上海体育学院学报》2006年第5期。
[3] 马敏卿、张艳霞：《地域文化对武术拳种产生和发展的影响：以齐鲁文化为例》，《北京体育大学学报》2006年第10期。
[4] 李玉兰：《武术文化的地域性特征初探》，《搏击·武术科学》2008年第4期。

（一）河北武术

河北属于中国的大省，其范围宽广，临界北京、天津两个市，更是华北地区的咽喉要塞。河北自古以来，受其所属区域的影响，盛行农耕文明与游牧文明。这片土地上汇集了众多的武术名家，最终使该地区的武术流派异彩纷呈，在这里甚至可以找到中华武术中众多拳法的痕迹。

河北地区的武术门派多达 60 有余，拳种 90 有余。武术文化在这片土地上得到了有序传承和发展，同时也赋予了该地区武术文化鲜明的区域特点。沧州有武术业内有名的燕青、八极、通背等；衡水有武术业内有名的六合、翻子、功力、梅花等；保定有武术业内有名的形意、翻子等；邯郸地区有众人皆知的太极拳、佛汉拳等；邢台地区有通臂拳、梅花拳和洪拳等。因为北京属于河北的临近城市，加之是中国的首都，因此有众多的优秀武术家汇聚于此。在河北地区武术文化的持续发展中，拳种也得到拓展、丰富。

（二）山西武术

山西的地理位置特殊，地处黄土高原，这里的地势特点是千沟万壑，受此独特地理环境影响，加之农耕条件有限，造就了当地人的游牧生活方式。这里的人淳朴、务实、勤奋。山西与北方游牧民族地区接壤，所以这里也被称为北方游牧民族的聚居地。山西还是中原王朝的北部边陲，这里战争不断，因此有了武术的用武之地，武术在战争中发挥着重要的作用。正因如此，武术在该地区备受重视，发展迅速。当地居民也养成了习武的习惯，以保护自身安全。进入明清时代，山西的商业得到了快速发展，晋商越来越活跃，同时他们需要精通武术的人为自己保驾护航。同一历史时期，山西武术进入了鼎盛发展时期，大量的武术家、拳法在该历史时期集中涌现。《山西武术拳械录》中有记载，山西地区得以流传至今的武术拳种多达 42 种，知名度较高的有螳螂拳、八卦拳、太极拳、醉拳等。

（三）山东武术

山东地区受到其区域特点影响——以山地丘陵为主，少量平原盆地交错并环列在周边，该地区的人也养成了自小习武的习惯，因此很多武术名家诞生于此。春秋战国时期，山东已有"拳勇"的美誉。齐鲁大地孕育了众多武术流派，知名度较高的是有华拳、醉拳、弹腿、螳螂拳、二郎拳、燕青拳以及佛功等。

(四)东南沿海地区的武术

东南沿海地区因为其沿海的独特地理位置,直接决定了其特殊的自然气候条件,雨水充足。加之东南地区儒家文化盛行,因此对武术文化的形成产生了直接影响。该地区著名的拳种有畲家拳等。

第二节 区域武术文化的特点

不同区域的武术文化受该区域中多因素的影响,直接决定了武术文化的区域性特点。

一、天津武术文化

天津地区完成了两项武术文化的非物质文化遗产申报工作:回族重刀武术、北少林武术。

(一)回族重刀武术

回族重刀武术是天津地区的非遗项目,该武术特点鲜明,刚柔相济、动静结合。该武术招式是力量和技巧的统一体,刀起舞起,风驰电掣,刀止之时静如松,提刀时给人千斤之感,舞刀之时又让人感觉重刀鸿毛轻。重刀在舞动过程中钢环声音清脆,刀落之时又瞬间无声。整体动作既惊险雄劲,又轻盈妩媚,给观众美的享受。回族重刀武术蕴含了浓郁的民族风情,在其对外传播过程中,展现了中国古老民族文化魅力。

(二)北少林武术

天津地区除前述的回族重刀武术外,还有北少林武术,同样通过了非物质文化遗产申报,成功纳入非遗名录。虽然两种武术都属于天津,但是两者存在明显异同。北少林武术以少林武术为基础,在后续发展过程中逐渐融入自身特色。它主要是以人体的攻防格斗动作为核心,同时充分考虑了中国古代时期的人体医学知识,在动作套路设定过程中,使其更符合人体运动规律。北少林武术的特点是由简入繁,风格古朴,刚猛且给人沉静之感,强悍的同时又不失灵动之感。基于现代健身视角来讲,北少林武术属于健身项目,可以内强气血,外实筋骨。

二、安徽武术文化

安徽省具有独特魅力的武术之一是枞阳东乡武术，该武术体现了浓郁的安徽乡土文化，同时融"南拳北腿"于一身，既可以在其中找到南拳的招式——拳打卧牛之地，步伐稳健且刚劲有力，还能在其中找到北派拳的影子——跌打滚翻，非常擅长腿功。枞阳东乡武术是非常重视功法的，虽然该武术中的动作套路有限，但是相对复杂。动作环环相扣，特别适合用于破解对方的招式与路数，在做到拆招散打的同时，还能实现攻防合一。枞阳东乡武术的表演形式多样，可以配合多种器械，比较常见的是大刀、长棍，甚至是铁尺。

三、湖南武术文化

湖南地区被称为武术之乡，这里孕育了风格各异的武术文化，最具代表性的是梅山武术、苗族武术和东安武术。

（一）梅山武术

梅山武术的风格显著，动作勇猛多变，身法正直，步法灵活。梅山武术虽然腿法不多，但善用冷腿，其动作给人简朴之感，但不失刚劲有力之感。梅山武术注重技术攻击的同时兼顾防范，整体动作力量充沛、刚柔相济、气势磅礴，可以给观众彪悍勇猛之感。

（二）苗族武术

苗族武术同样属于湖南武术，不同于梅山武术的是，该武术文化形成于苗族部落，是其先祖蚩尤在恶劣的自然条件下迫于生存创造的，加之该地区早期频繁战乱，所以苗族人民开始对武术招式进行总结、持续发展、不断创新。事实上，苗族武术是一种以古老拳种为基础逐渐发展起来的，其原名是"蚩尤戏"。"蚩尤戏"非常古老但是传播区域有限，该拳种产生于湘西苗族聚居地，是一种攻防一体的拳种，该拳种古朴且内敛，遗憾的是仅在聚居地上游流传，后逐渐发展为苗族武术。

（三）东安武术

东安武术的内容丰富，从拳种、类别视角来讲，东安武术的特点体现在套路有长有短，动作刚柔并济方面。东安武术既适合单练，也适合对练，可以徒手练习，也可以配合器械练习，不同的练习方式的动作风格不同，特色各异。东安武术还非常适用于当代健身项目，可以有效提升训练者的综合体质——提升速度、增加力量、增强耐力、增加灵敏性与系统性。

第三节 区域武术文化的非遗保护

截至2024年1月，被成功纳入国家级非物质文化遗产名录的区域武术有10大项，不同区域的武术对外展示着不同的魅力。

一、湖南省的武当武术

2006年，湖南省十堰市的武当武术申报传统体育、游艺与杂技类国家级非物质文化遗产成功，湖南省的武当武术正式被纳入国家级非物质文化遗产名录。该武术文化的发源地是湖北武当山，由元末明初的武当道士张三丰创造。他将《易经》《道德经》的精髓文化与武术相融合，并使两种文化高度契合，赋予了其养生、健身价值。武当武术的代表是太极拳、八卦掌等。

武当武术最显著的特点是融入了道家文化，因此成为武功和养生法的结合体，并最终以武术文化的形式表现出来。武当武术的文化底蕴浓郁，又蕴含了众多科学道理。以太极拳为例，它强调"先以心使身""身从心"。再以八卦掌为例，其招式是走和转圈，讲究"化意念足"。无论是太极拳还是八卦掌，都体现了道家文化，将形体的锻炼与心理训练关联在一起，实施了内养外练的观念。

武当武术文化的理论体系、技术体系相对完善，以"宇宙整体观""天人合一观"为理念，以"厚德载物""道法自然"为基本原则，以"动静结合""内外兼修"为训练方法，最终创造极具区域文化特点的拳功与剑法。武当武术除了有功理，更讲究功法，练习过程中讲究套路操作、主旨要领等。武当武术文化的这些理念、原则、方法、特点等，均在张三丰的三大经典中系统讲解过——经典一《太极拳总论》、经典二《太极拳歌》、经典三《太极拳十三式》。

武当武术在初期是以武当山为发展空间的。武当山是众多高隐之士、专修道者的首选栖息地之一，他们在武当山修炼、传播武术文化。经历了长时间的发展，武当武术技艺日益精进，声名也越来越大。

在后续的发展中，武当武术的传播、传承、发展受阻。导致受阻的原因大致可以概括为三个。第一，武当武术在发展初期主要受道教"隐秘单传"思想的影响，直接导致武当武术的传播面过窄。第二，武当武术长期以来得不到有效传承，加之该武术文化的传承人都年事已高，且散居在全国各地，后续武术资源的整理、挖掘受阻。第三，武当武术重实践轻理论，直接导致武当武术的理论研究工作开展失效，蕴含于武当武术中的文化内涵得不到深挖和传承，使得武当武术的传承缺乏灵魂。结合现实问题，非常有必要将武当武术的保护、传承工作提上日程，对该文化实施有效的抢救和保护。

湖北丹江口的赵剑英是武当武术的国家级文化传承人，遗憾的是她于2011年去世。她曾担任首批国家级非物质文化遗产中武当武术文化的传承人，也是武当山道教武术总教练。赵剑英是武当武术内家拳的全真龙门派的真传弟子（第十八代），她从1932年就开始跟随名师学习武当武术，学习了众多武当武术套路，包括大小洪拳、燕青拳以及十二路弹腿等，多年的艰苦训练为其后续的武当武术学习奠定了坚实基础。1941年，赵剑英义无反顾地参加了抗日救亡工作，并将武当武术传播到部队里，担任第五战区的武术教官。长期以来，赵剑英除了对外传播武当武术，更担负起了武当武术拳种的整理、深度挖掘等工作，在此过程中，发表武当武术的相关文章，以武当太乙五行拳法为例，赵剑英共整理资料十余万字。不仅如此，她还发行了武当武术相关的三套教学光碟，成立了武当武术网站，通过网络完成了武当武术文化的对外传播，共教授弟子千余人，门徒十万余众，有效实现了对武当武术文化的对外传播。

二、天津市回族重刀武术

2006年，天津回族重刀武术申报传统体育、游艺与杂技类国家级非物质文化遗产成功，天津回族重刀被成功纳入国家级非物质文化遗产名录。重刀的原名是大刀，属于京津一带的传统兵器，该兵器已经有数千年的历史。天津市回族重刀最初被众人所知晓，是因为明成祖初年，燕王朱棣的一个金陵籍回族将领非常善用重达60斤的大刀征战，后追随朱棣，并帮他平定天津，最后举家迁至天津，至此被誉为津门曹氏大刀，代代相传。发展到近现代后，有了新的传承人。传人曹金藻的大刀重量从最初的60斤增加到160斤，后来演变为健身器械。曹金藻在回族大刀武术的发展过程中，将众多武术拳法融入其中，包括"北派少林"的长拳、"西洋拳""秘宗艺"等，将南拳、北腿、摔跤、擒拿等融为一体。创新后的武术文化有三招非常有特色，第一招"青牛扫尾"，第二招"潜龙出渊"，第三招"鬼推转"。因为曹金藻武功了得且为人仗义，后与霍元甲被称为"回汉双侠"。曹金藻之子曹克明随后继承父业，他还继承了父亲的创新意识，以本门的刀、礅、抱石、拳铲等功夫为基础，新创了"曹门刀式"，他提出了强身爱国的练武宗旨，并立志弘扬武术文化。他组建了天津首家回族武馆,并将其命名为"回族大刀花样举重队"。在他的不懈努力下,天津回族重刀武术后继有人——曹仕伟、曹仕杰兄弟,该武术文化的传承方式也从原来的"家族世袭"转变为开放式的传授。

天津的曹仕杰是回族重刀武术的国家级传承人,1967年生,天津本地人。他担任首批国家级非物质文化遗产回族重刀武术传承人一职。曹仕杰6岁开始跟随父亲习武,到了25岁,他基本掌握了曹氏家传绝学,为将武术文化发扬光大,他开始广收徒弟。在武术文化传承过程中,他以祖传武功为基础,大胆尝试创新,并不断创新出新的招式,"蜻蜓点水""旱地拔葱"等,并在不同规模的比赛中屡获奖项。目前,曹仕杰依然担负着传承回族重刀武术的重担,立志于将回族重刀武术发扬光大。

三、河北沧州市的沧州武术

2006年,河北沧州武术申报传统体育、游艺与杂技类国家级非物质文化遗产成功,河北沧州武术被成功纳入国家级非物质文化遗产名录。因为沧州特殊的地理环境——位于河北的东南,东边临近渤海,南边临近齐鲁,北边临近京津,因此得了"京津南大门"之称。早期,该地区属于兵家必争之地,加之商贾云集,同时还是人犯流放之所,所以该地区的百姓为了生存开始练习攻防格斗术,武术也开始盛行。明清时期,沧州地区曾出过武进士、武举人1937名。到了乾隆年间,这里已经发展为华北一带的武术重镇。1992年,沧州获得了"武术之乡"的美誉。

沧州武术文化历史悠久,始于春秋,兴于明代,盛行于清代,最后在清末民初走向巅峰。沧州的武术的门派也是非常多的,知名拳种多达53个,如八极、燕青、八卦等。

沧州武术文化可谓独树一帜,其代表性拳种有八大门派,还有多种拳械,例如疯魔棍、苗刀、阴阳枪等,这些都是沧州所独有的。沧州武术经历了长时间的发展,进入现代后,开始尝试吸纳跆拳道的动作招式以及规范武术套路中的可取之处,以实现其不断创新发展。沧州武术文化的特点是刚劲威猛,有较强的技击性,除了拥有大开大合的勇猛长势外,还有推拨擒拿的技巧招式。沧州武术的招式对外彰显了中华文化、儒家、道家的理念与意蕴。

(一)河北省沧州市沧州武术——劈挂拳

2008年,河北省沧州市沧州武术——劈挂拳申报传统体育、游艺与杂技类国家级非物质文化遗产成功,沧州武术——劈挂拳被纳入国家级非物质文化遗产名录。该武术文化发源于河北省沧州,到明朝时期开始盛行。进入民国时期,两位武师——马英图、郭长开始自发地对劈挂拳文化进行资料收集、系统化整理。正是两人的付出，使得劈挂拳法在该历史时期得到了快速发展。该武术文化的特点是力量劲爆，招术攻击性极强且变化莫测，让对手防不胜防。最值得一提的是，该武术文化的攻防技击的实用性极高。劈挂拳的所有动作套路都极具特点，比较具有代表性的套路是快套与慢套、青龙拳、炮锤等，还可以配合器械使用，例如苗刀、疯魔棍、戟等。沧州劈挂拳的内容丰富，在其中汇集了通臂拳、八极拳等众多拳种的长处，并将其与自身的基础招式相融合，最终拥有了实用性极佳的攻守招式。该武术文化中还引进了苗刀等极佳拳械，动作招式承载了中华的阴阳文化、天地文化，并将中华独有的方圆元素、刚柔元素、内外元素等融入其中，赋予了该武术文化哲学元素。不仅如此，其中还有道、释、儒家的思想意蕴，使该武术文化不仅招式独特且蕴含丰富的中华文化。

郭贵增是河北省沧州市沧州武术——劈挂拳的国家级文化传承人，他自幼跟随祖父学习了劈挂拳，多年的苦练后，他掌握了劈挂拳的多数拳法套路以及器械套路。为挽救、有效传承劈挂拳，他坚持义务教学，在实现有效的武术文化传承的同时，更为国家培养了大批的青少年武术文化传承人。

（二）河北省沧州市沧州武术——燕青拳

2008年，河北省沧州市沧州武术——燕青拳申报传统体育、游艺与杂技类国家级非物质文化遗产成功，沧州武术——燕青拳被成功纳入国家级非物质文化遗产名录。该武术文化中以拳法为主，练习方法丰富，可以徒手练拳、配合器械练拳，也可以对练。其套路非常丰富，比较有代表性的是迷踪拳架子、弹腿等百余种套路。燕青拳的特点是兼顾了内外家拳的长处。内家拳注重化气精炼、弧形走转；外家拳注重开张、劈打以及动作舒展。该武术文化的动作丰富灵动，被越来越多的武术爱好者所喜爱。基于该武术文化的动作视角来讲，该拳法可以内外兼修，招式刚劲有力，发力瞬间给人排山倒海之势，在双人对决中，通常可以实现一招制敌的效果。在宋代时期，已经有众多的习武之人学习了燕青拳，比较著名的是林冲、岳飞等。进入清代，名为孙通的武师将该拳种正式引入沧州。到了近代，武师队伍已经非常壮大，甚至爱国武师霍元甲也曾练习过燕青拳。燕青拳可以强健体魄，培养坚忍不拔的品格，在弘扬中华民族精神的道路上发挥着重要作用。

河北省沧州市新华区孙庄子村人的陈敬宇是河北省沧州市沧州武术——燕青拳的国家级文化传承人，1956年出生。他11岁开始追随祖父陈凤歧练习燕青拳，1983年，他与祖父陈凤歧共同创办了沧州燕青拳社，并担任社长一职，兼拳社的总教练。长时间以来，他始终担负着燕青拳的保护与传承的重任，广收门徒且不收学习费用，使该武术文化得到了有效的保护与传承。

（三）河北省沧州市的沧州武术——孟村八极拳

2008 年，河北省沧州市的沧州武术——孟村八极拳申报传统体育、游艺与杂技类国家级非物质文化遗产成功，沧州武术——孟村八极拳被成功纳入国家级非物质文化遗产名录。孟村八极拳的全称是"开门八极拳"，始于河北省孟村回族自治县孟村镇，该文化在该地域已经发展、传承 300 余年。孟村八极拳的学徒不仅遍布中国的大江南北，还远播日本、韩国等国家。

八极拳法的拳械套路丰富，比较具有代表性的有八极架、八极拳、八大招、六大开、四郎宽拳等，使用的器械包括枪、棒等。该武术文化的套路不仅适合单独练习，也适合两人或多人的对练。以六大开、八大招为例，其动作套路极为丰富，主要包括八极小架、八极拳，也被称为"八极对接"。其动作的特点是给人简洁之感，但是长短相兼、发力迅猛，讲究下盘稳固，众多动作中都有肘法的叠用。

孟村八极拳的练习对场地、人员、器械的要求并不多，动作非常容易上手。如果坚持练习，可以强身健体，加之该武术文化内外兼修的特点，可以有效陶冶练习者的情操、净化练习者的心灵。最值得一提的是，八极拳汇聚多种学科于一身，包括力学、医学以及生理科，甚至涉及哲学。

河北省孟村县的吴连枝是河北省沧州市的沧州武术——孟村八极拳的国家级文化传承人，生于 1947 年。吴连枝 18 岁时已经在孟村八极拳业界小有名气，并开始授徒，众多弟子也不负众望，屡次在全国级或国际武术比赛中获得奖项。他不仅完成了国内的孟村八极拳的有效传承，更让孟村八极拳走出国门——在日本出版了《吴氏开门八极拳》著作三部，让越来越多的国际友人认识并爱上中国武术文化。

（四）河北省泊头市的沧州武术——六合拳

2011 年，河北省泊头市的沧州武术——六合拳申报传统体育、游艺与杂技类国家级非物质文化遗产成功，沧州武术——六合拳被成功纳入国家级非物质文化遗产名录。该武术文化源于沧州泊头，后得到大力发展。

六合拳的理论基础与技术核心即为"六合"。该武术文化的基本理论是阴阳、起落、动静六者的协调配合，以实现后续的身体与心理的配合。身与心的配合同样是六个，即达成心与意的合、达成意与气的合、达成气与力的合，实现手足的合、实现肘膝的合、实现肩胯的合。这六个合的达成即可实现力量的合，即脚发力，撑于腿后冲于胯，再拧于腰，后续完成送肩，最后开于手，实现六合劲。六合拳的动作特点是心指导身体，所以是心意为先，然后是动作招式的表现，势式相随且刚柔并重。在技击实战过程中，其特点是后发制人，可以做到见招化招，一一破解对方的招式，还能做到借力发力、以快打慢，表现出较佳的应变能力。

河北泊头的石同鼎是沧州武术的国家级武术文化传承人，1961年出生。他担任了首批国家级非物质文化遗产项目沧州武术传承人一职，还是六合拳的传承人（第八代），还兼任多个职务——泊头市武术协会副主席、世界武术研究会名誉会长等。石同鼎所传承的六合拳的特点是动作舒展且轻敏、手法行云流水，稳中有动、动中求静，步法干净利落、飘洒实用。该武术文化非常讲究阴阳，追求起落动静的协调与配合，追求心与意、气与力、手与足等身体众多部位动作的高度契合。石同鼎从1985年开始，任教沧州武术的教练，培养了批量沧州武术传承人。2002年，石同鼎为传承沧州武术，开设了"六合武馆"，推动了六合拳的快速发展。

四、四川省峨眉山市峨眉武术

2008年，四川省峨眉山市峨眉武术申报传统体育、游艺与杂技类国家级非物质文化遗产成功，四川省峨眉山市峨眉武术被纳入国家级非物质文化遗产名录。该武术文化起源于四川峨眉山，发展与传承长达3000年，门派众多，拳种、拳路也非常丰富，因此峨眉武术被誉为中华武术的三大流派之一。

峨眉山盛行佛家文化、道家文化、儒家文化，起源于峨眉山的峨眉武术受此影响，融多种文化于一身。据史料记载，峨眉武术文化最早可以追溯到殷商时期，经过长时间的发展，最后在南宋时期形成了较为全面的理论体系。该武术文化的特点是内外兼修，动作似快而慢，且属于快慢相间的招式，特别讲究刚柔相济。当前峨眉武术文化传承有序，据统计共有68个门派，最具代表性的是峨眉拳。该武术文化至今保留了四大类、八大门以及十八家拳。四大类为峨眉高桩拳、峨眉矮桩拳、峨眉客架拳、峨眉法象拳。八大门为僧门、岳门、赵门、杜门、洪门、化门、字门、会门。至于十八家拳，比较著名的是峨眉六合拳、峨眉八卦莲花拳等，其他拳在此不再一一列举例。

王超是四川省峨眉山市峨眉武术的国家级文化传承人。他自幼习武，后受名师指点，于2007年拜在释通永门下。经过长时间的努力，他在全国乃至国际比赛中多次获奖，因为他的成绩优异，他的基本功非常扎实，后被任命为峨眉武术文化代表，出访土库曼斯坦等多个国家。

五、上海市虹口区精武武术

2014年，上海市虹口区精武武术申报传统体育、游艺与杂技类国家级非物质文化遗产成功，虹口区精武武术被成功纳入国家级非物质文化遗产名录。该武术文化在发扬光大的同时，得到有序传承。精武武术文化是以武术为基础，后向体育延伸，是武术文化与体育文化的结合体，通过武术的形式，将中国优秀的传统文化彰显出来。精武文化的发展宗旨是"乃文乃武，唯精唯一"，将武术文化升华至精神层面。可以将其概括为八个字，即"爱国、修身、正义、助人"。该武术文化除了能帮助练习者强身健体，更能净化参与者的心境、提升参与者的体育精神。

六、湖南省新化县梅山武术

2014年，湖南省新化县梅山武术申报传统体育、游艺与杂技类国家级非物质文化遗产成功，梅山武术被成功纳入国家级非物质文化遗产名录。梅山武术有其独有的套路特点，短小精悍，动作朴实，招式直来直去，非常简洁明快。其手法变化丰富，拳法众多，善用掌。梅山武术既可以徒手练习，也可以使用器械，具体论述如下。

（一）梅山武术的徒手拳术

梅山武术的徒手拳术是非常丰富的，共有86路之多，由于篇幅有限，在这里不再一一赘述，仅列举代表性强的梅山武术的徒手拳术——梅山拳、白鹅拳、烈马回头、八虎拳、仙人指路拳及梅花拳。梅山拳套路不仅丰富，而且其特点鲜明，动作套路结构紧凑，可以在非常小的运动场地中完成练习和展示。其动作特点是朴实稳健，同时将拳与掌并用，可攻可防，非常适合近身短打。在梅山武术的徒手拳术中始终都未出现翻滚和跌扑等常规的武术动作，即便如此，它仍然是非常注重实用技法的——进攻速度非常迅猛，防守动作躲闪灵敏且整体构思缜密。梅山拳最大的特点是勇猛刚烈，手法多变，包括手型、手法的变化，再配合步型、步法以及腿法的运用，赋予其极强的进攻性。手型运用频率最高的是三角拳、钻子拳、柳叶掌。梅山拳是其形象性的拳数套路得以命名。例如，动作套路的起势，第一，将军观林，其动作是两手叉腰；第二，鹭鸶伸脚，其动作是上步左横铲腿；第三，云长义兄，其动作是并步的同时拱手；第四，霸王卸甲，其动作是双拳做出平拉的动作；第五，猕猴献桃，其动作是双掌对砍等。

(二)梅山武术的器械套路

梅山武术除前述的徒手拳术外，还可以配合器械展开练习，可选用的器械非常丰富。梅山武术的集体练习可以追溯到晚清时期的团练。该历史时期，各家各户都需要自备兵器。器械套路分为几大类别，短器械类、长器械类、软器械类等。

常见的短器械是铁叉，运用较多的是七星叉、梅山叉、铁尺、双铜等。双铜又可细分为赵公铜、龙凤铜等。常见的长器械是棍、耙、板凳等。常见的软器械是绳鞭、流星、花柱等。

综上所述，梅山武术无论是徒手拳术还是器械套路，均体现的是梅山武术文化的特点，即攻中有防，防中有攻，招招夺命，气势宏大。练习过程中讲究神、气、意三者结合的气力使用，将气沉于丹田，从意与气的融合到气与力的融合，最后迅猛发力。

晏西征是湖南省新化县梅山武术的国家级文化传承人，1947年出生。他自幼酷爱武术，便追随拳师游本恒学习梅山武功，学业有成后担任了梅山派掌门人一职。他还曾拜在武汉丁鸿奎门下、四川赵子虬为门下学习八卦掌，也是八卦掌的传人。

第四章　新时期武术文化的传承与发展

长期以来，中国武术文化的传承和可持续发展的主要参与者与承担者是武术文化传承人。进入新时期，武术文化的传承与可持续发展的路径同样应该与时俱进。本章先从新时期武术文化传承、发展的保障切入，再从微观（武术文化的挖掘与整理等细节工作）和宏观（加强中国武术文化的国家交流）两个方面展开论述，最后试论新时期武术文化传承与发展的新路径。

第一节　新时期武术文化传承、发展的保障

进入新时期以来，从武术文化的传承与可持续发展视角来讲，承担武术文化传承与发展的是该文化的传承人，显然这样是不够的，还需要为其创设有利于武术文化传承和可持续发展的适宜社会环境。简言之，拥有良好的发展环境是其持续发展的重要保障之一，传承人的出现体现了强大的综合国力、良好的社会环境，适宜的社会环境则体现了对武术文化的有力支持。

一、拥有强大的综合国力

综合国力是衡量一个国家实力的综合指标，是对一个国家经济实力、政治实力、文化实力以及科技实力的评定，更是对国家国情、资源的衡量标准。中国改革开放四十余年，推动了中国经济的快速发展，中国除了称得上是人口大国，更称得上是工业大国，不仅如此，中国的军事、科技等也在国际上名列前茅。最值得骄傲的是，中国是世界上第一大商品制造国。自"一带一路"倡议被提出，我国高举和平发展旗帜，实现了沿线国家的经济共赢，努力打造"命运共同体"，深度解读了经济融合、文化包容、政治互信的"一带一路"精神。事实证明，中国在国际发展、国家交往中已经占据了重要的世界地位。特别是进入新时期以来，中国正快步登上世界舞台，并推出中国最具代表性的产品：高铁、移动支付以及网上购物等。2018年我国重大的科技成果是高产量水稻新种

质。前述的种种成就仅是中国发展的一部分，由此不难看出，中国在世界上占有重要地位和话语权。拥有强大综合国力是可以为武术文化的传承与可持续发展提供足够的经济基础、物质保障的。

二、创设适宜的社会环境

20世纪的两次世界大战，让生命凋零、经济倒退，让世界人们真正明白了和平发展、和谐共处的重要性。基于国际环境视角来讲，和平的国际环境是中国武术文化的国家传播、发展的重要外在条件。现在，世界各国都在紧抓经济全球化的重要契机，努力达成各国间的经济合作，以此推动世界经济快速发展，并在此过程中获得利益。全球经济一体化为文化的发展提供了必不可少的物质保障，为文化的繁荣创造拓宽了可发展的空间，这其中也包括中国武术文化。全球经济一体化对该文化的发展、传承和可持续发展起到积极的推动作用，让中国武术文化可以展现在世界人们面前，使我国武术文化可以在真正意义上的走向世界。

基于国内环境视角来讲，我国始终在努力完善中国特色社会主义制度，努力提升治理体系、治理能力，不断增强社会发展活力以及创新能力，在真正意义上的实施了深度与广度的改革。我国自提出全民健身倡议以来，将该倡议与文艺创作相融合，实施加大范围的群众基础佳的精神文明创建活动，在此过程中明显提升了我国公共文化服务水平，并在多元的社会活动中彰显了中国文化自信。总之，社会主义核心价值观影响下的社会环境非常有利于文化自由、多元文化生态的发展与繁荣，这其中也包括武术文化。

三、争取有利的政策支持

早在2014年2月，习近平总书记于十八届中央政治局第十三次集体学习中强调，中国人要树立文化自信，要有价值观自信。2017年10月，在党的十九大，习近平总书记再次提到文化自信，并将"文化自信"写入党章。时隔5年，2022年10月，习近平总书记在党的二十大报告中再次重申文化自信问题："推进文化自信自强，铸就社会主义文化新辉煌。"显然，只有实现了文化自信自强，才能有效提升人民的精神文化高度。2019年体育总局协十四部委联合印发了《武术产业发展规划（2019—2025年）》的通知，由此不难看出，国家对武术文化的发展持大力支持态度。由此，新时期武术文化的传承与可持续发展获得了政策支持。加之国家"一带一路"倡议的不断推进、健康中国战略的逐步实施，大众的武术运动消费需求越来越明显，武术文化的经济效益增加，武术文化的传承与持续发展迎来了重大发展机遇。

第二节 重视武术文化的挖掘与整理工作

一、武术文化挖掘与整理的意义

（一）弘扬传统美德

中国武术文化的种类繁多，其中蕴含了丰富的民族文化，成了中华民族文化的重要代表，对外彰显着各民族的情趣、性格、心理、人际关系和伦理道德等。要想实现武术文化的传承与可持续发展，非常有必要挖掘、整理不同区域、不同风格的武术文化。在此过程中可以了解不同武术文化背后的民俗文化，包括民俗习惯、民族文化等。武术文化的魅力吸引了更多的人参与其中，实现了对蕴含于武术文化中的传统美德的弘扬。

（二）丰富武术理论，促进教学的武术文化传承

中国的武术文化是中国人民在历史发展的长河中、在不断的生活经验总结中逐渐发展起来的，此过程经历了从实践到理论的升华过程。在此过程中，不同武术文化所属地区的各族人民不断发挥自己智慧的力量，对自己区域的武术文化进行总结，并逐渐完善武术运动规则，由此总结出区域武术文化的特有理论，共同推动了中国武术文化理论的发展。

不仅如此，武术文化进校园，很大程度上丰富了学校体育教学的内容与形式，推动了武术文化的传播和持续发展。加之武术文化的内容丰富多彩，更易于激发学生的学习兴趣，学生在区域武术的学习、练习过程中，既能深入了解不同派别武术文化理论，更能起到传承武术文化的作用。

（三）助力竞技武术，促进全民健身

1957 年，原国家体委将武术列为正式比赛项目。1958 年，原国家体委制定并颁布了首部《武术竞赛规则》，该规则的颁布标志着武术正式步入竞技体育运动行列。1987 年，日本横滨举行了首届亚洲武术锦标赛，由此标志着武术开始成为国际比赛项目。1999 年，武术又一次有了历史性的突破，国际武联被纳入国际奥委会，成为国际体育单项联合会成员。2020 年 1 月 8 日，国际奥委会在洛桑宣布将武术列为 2022 年达喀尔夏季青奥会

的比赛项目。这是武术首次成为奥林匹克系列运动会正式比赛项目，是武术发展的里程碑。

此外，"健康中国""全民健身"理念的推出，标志着全民健身的时代已经来临。武术文化在传承和发展过程中，还应体现其健身意义。武术文化内容丰富、派别繁多，练习方式多元，非常适合大众健身。在对武术文化挖掘和整理过程中，可以让更多的人关注武术文化，吸引其积极参与到武术健身中来，顺应全民健身倡议，实现武术文化的传承与可持续发展。

二、武术文化挖掘与整理的基本要求

（一）彰显民族特色

中国武术文化的顽强生命力体现在它蕴含了民族文化，因为它既是不同区域的不同民族文化不断发展的结晶，又是不同区域的不同民族人民现实生活的反映，正因如此，武术文化是民族文化内涵的体现。

基于此，在对武术文化挖掘、整理过程中，其重中之重是尽可能地保留其最初的民族特色，以此为基础实施武术文化的传承和可持续发展，例如通过丰富武术文化内容、表现形式，实现该文化的可持续发展。

（二）表现竞技的特点

多样化文化不断发展的今天，应该尽可能地挖掘和整理武术文化，注重其竞技特点的保留，这是武术文化与世界接轨的前提条件，更是武术文化持续发展道路上必不可少的。因此，在对其进行整理和挖掘时，应注意不断充实其竞技化的内容，努力将其推向世界。

武术属于我国竞技化较早的体育项目，我国每年都会举办不同规模的武术锦标赛，由此凸显了其竞技的特性。武术在亚运会赛场上分为两个项目：套路和散手。武术竞技特性的保留使其的后续发展中越来越成熟。所有武术人希望武术可以申奥成功，因为这是中国武术文化国际化发展的敲门砖。

（三）紧跟时代趋势

在挖掘和整理武术文化的过程中，还需要紧跟时代趋势，努力挖掘武术文化的时代特点，例如保留武术文化的竞技性，助力其平稳发展；发挥其健身效能，顺应我国全民健身的倡议，在此过程中，实现武术文化的有序传承。简言之，新时期武术文化的挖掘与整理还应充分考虑现代人的生活追求目标,满足其健身、健心需求的同时,降低危险性。

总之,武术文化的发掘与整理要善于发现和充分考虑时代发展需求,符合大众运动规律,集健美、娱乐于一体,适应时代发展的趋势,更容易受到大众的喜爱和推崇,并将大众的武术文化传承与发展效能充分发挥出来。

第三节 加强中国武术文化的国际交流

一、进行武术文化国际交流的原因

武术文化的可持续发展需要在国际化发展中实现,其根本在于,国际化发展可以满足武术文化的可持续发展需求,同时顺应体育全球化的潮流。

(一)满足武术文化的发展需求

武术文化发展过程中会将其自身丰富多彩的独有魅力彰显出来,这些魅力的价值可以通过三个方面得到体现:价值观念、行为模式、思维模式。基于此,中国武术文化必定能对世界文化的多样化发展产生助推作用。只有中国武术文化走出国门、走向世界,才能顺应文化全球化发展的潮流,在世界各国宣传和推广中国武术文化,实现世界层面的文化传承,使中国武术文化成为世界体育文化中靓丽的风景线。这是非常有利于中国武术文化的可持续发展的。

(二)顺应体育全球化的潮流

当前,全球化快速发展既对世界的多领域的发展产生不同程度的影响和刺激,又对世界各民族,甚至是各国的社会状况、文化结构产生直接影响。多样性特征在世界的快速发展中得到了有效凸显,因此,无论是哪个国家、哪个民族的文化,都是世界共同拥有的,同时也会成为世界文明的重要组成部分。基于此,多样性发展的特征、趋势不同程度地推动了国与国之间的文化交流,在全世界人民共享人类文明成果方面做出了突出贡献。

武术文化属于人类创造的重要文化,是文化中的璀璨之星。现代体育文化逐渐成为全球性的文化盛宴,这其中也包括武术。在每一次世界级别的比赛中,武术都会吸引众多人的目光，让全世界人们共同享受武术文化盛宴，使武术文化在其中得到持续发展。正是全球化赋予了武术文化世界性文化的属性，推动其不断繁荣昌盛。

中国武术文化要想实现可持续发展，需要加快自己的全球化脚步，顺应体育全球化潮流，不断争取自己的全球化发展途径。

二、武术文化国际交流的支撑力

长期以来，体育文化是可以体现特定历史、民族文化的社会文化形态。某种程度上可以将社会形态的特征表现出来，包括不同民族的生活方式、价值观以及文化结构（心理），这其中也包括武术文化。文化的持续发展离不开国际的助推力，可以将其视为支撑力。所以，武术文化的国际化发展离不开自身文化的内部条件和有利于文化发展的外部环境，这些也是武术文化国际化发展、交流的重要支撑力。

（一）武术文化国际交流的内部支撑力

内部支撑力指武术文化本身，是可以直接决定事物发展的根本要素。武术文化的发展、传承以及该文化在国际交流过程都需要内部支撑力的支撑与推动，简言之，武术文化具备的助推力是人类全面发展的价值之一，具体表现在武术文化是否可以满足人的发展需求：包括竞技需求、健身需求以及娱乐需求。

1. 武术的竞技性

体育文化的核心特征是竞技性，武术文化也拥有竞技性。在竞争过程中，参与者通过动作展示的角逐最后胜出，实现了自我价值。武术的竞技性与人类的不断奋斗、不断进取的崇高理想高度契合。每个国家、每个民族的不断发展都离不开竞争精神。体育竞赛（武术）成为世界公认且最易接受的"国际语言"，因为它可以不受多样化社会制度的限制、不受地域环境的限制，所以更易被不同国家、不同种族的人接受。受全球化发展影响，世界各国竞争激烈，竞争发生在方方面面。综前所述，竞技性已经成为国际化体育领域的重要特征。以武术为例，武术可以体现人的本能欲望；在竞赛规则的约束与指导下，竞技比赛有其现实意义——满足人力的竞争欲望。所以，武术的竞技性成为武术文化国际交流的内部支撑力。

2. 武术的健身特性

武术的健身特性是人类早在原始社会就已经意识到的。正因如此，原始社会就有了阴康氏的"消肿舞"、《黄帝内经》的"导引术"。社会快速发展过程中，工业革命如期而至，促进了社会的变革、科学技术的持续发展。进入现代，多样化的机械设备为人类的生产、生活带来便利的同时，更为人类增添了物质财富，但是随之而来的还有对人类健康的威胁。越来越多的疾病，如心血管疾病、过于肥胖等都严重威胁着人类健康，导致这些疾病的原因多与人的运动量不足有直接关系。人类开始正视多样化疾病，并意识到运动的重要性。很多具有健身价值的运动项目的热度开始升高，特别是集文化于一身的运动项目，例如武术。武术在蕴含民族文化的同时，其实用性极强，可以起到修身养性、提升人的防御能力等作用，其健身性毋庸置疑，因此武术成了促进国与国交流的动力之一。

3. 武术的娱乐性

武术除具有竞技性、健身特性，更具有娱乐性，这也是其易于被大众接受的原因，武术可以带给人快乐的情绪体验，满足大众精神的发展需求。武术除了使练习者身心愉悦外，观众同样可以被其力量感、民族文化特性所吸引，并在观赏过程感受民族文化、放松身心、陶冶情操。基于国际化视角来讲，武术文化可以凭借其自身的多元特点走出国门，让世界人民认识并喜爱它。

（二）武术文化国际交流的外部支撑力

事物变化发展除内部支撑力对其发力外，外部支撑力更是助力其发展的重要助力之一，它是内部支撑力的补充。武术文化要想走向世界，成为被社会认可并愿意参与运动，需要借助外部支撑力，具体表现为媒介传播、国际比赛。

1. 媒介传播

国家、民族的差异性民族文化是有其文化价值的，而这些文化价值有一部分是可以通过武术文化对外表现的，要想让更多的人，乃至世界人民认可武术文化中蕴含的中国文化，就需要让更多的人认识武术。在此过程中，可以利用传播媒介完成该文化的对外宣传，除武术文化本身，还要让人们认识到其功能价值。

社会科技的快速发展推动了传播媒介的快速发展，传播媒介越来越发达的同时，其多样性也在增加，除传统的电视媒介外，还出现了网络媒介，可以以多样化的方式完成信息的对外传播，例如移动数字媒体。基于此，媒介传播为武术文化的对外传播提供了非常大的支持。

2. 国际比赛

中国武术始终坚持申奥，目的在于想进入认可度更高的国际比赛，并在国与国之间通过无障碍的交流"语言"完成国际交流。知名度高的国际比赛可以有效提升武术文化的国际知名度，完成高效的武术文化的传播与发展。武术文化是极具中国文化特色的体育项目，将其推向世界舞台，是与当前全球化发展趋势高度吻合的。武术文化在国与国的赛事中不断扩大交往，久而久之，可以使武术文化、中国文化在国际上占有一席之地。

三、加快中国武术文化国际交流的策略

（一）创新武术文化的传承方式

受到历史原因、自然条件的限制，加之武术文化的派系较多，特别是较为偏远的地方的武术派系，其传播、发展受到的阻力可想而知。如果武术文化仅是以传统方式吸引大众，将其定位于健身和娱乐工具，那么武术文化的传播、传承、持续发展之路必然受阻。所以应该深度挖掘武术的内在文化内涵、创新武术的传承方式，让武术文化在中国发扬光大并走向世界。

信息时代如期而至，为武术文化的对外传播奠定了技术基础，除常规的现场参与的文化传播方式外，还可以利用信息技术，实施武术文化的网络传播，既可以实现武术技能的传播，又可以对外宣讲蕴含于武术中的中国文化。特别是国际文化交流中，武术除了可以以体育项目的形式参与国际交流，更能以文化的形式完成国际交流，拓宽武术文化的传承与文化发展道路。

（二）优化武术文化的发展模式

一直以来，武术文化的持续发展都是通过传承实现的。进入新时代，应考虑武术文化发展模式的与时俱进，不断促进武术文化的竞技化发展，不断研究武术文化中的竞技规则，不断推动武术文化的规范发展。最具代表性的是，武术的表现形式具有竞技性，可以尝试将其加入国际比赛，例如申请武术成为奥运会的比赛项目，使武术可以走出国门，实现国际化发展，让中国文化、武术文化可以被认证为世界文化中的优秀部分。

（三）加强武术文化的推广力度

各国的文化形成于不同的发展历史、不同的区域，最终形成了极具地方特色的文化。文化以有形或无形的方式对人产生多元化影响，包括思想观念、行为方式的影响，甚至是对人的发展的影响。文化优秀与否的衡量标准是文化被大众认可和接受的程度，可以以此判定文化在社会发展和进步中的价值。基于此，从世界民族文化交流视角来讲，文化应该在其中发挥作用。将武术文化融入世界文化的发展中，需要发挥其文化传播的作用与目的。目前，武术文化正在尝试参与更高级别的国际赛事，并在其中完成对武术文化的推广，以实现在全世界范围内推广、普及中国武术文化，让中国武术文化在世界文化中占有一席之地。

第四节 新时期武术文化传承与发展的路径

一、新时期背景下武术文化发展的突出问题

(一)武术文化与竞技武术之间的矛盾

早在民国时期,竞技武术受西方体育思想的影响,已经崭露头角。中华人民共和国成立后,国家文化交流日益频繁,随之而来的是大量的西方文化和思想的涌入。武术在后续的发展中,在保留中国武术基础的基础上,开始出现竞技武术,武术也开始了自己追逐奥运的征程。然而,虽然中国武术文化历史悠久、底蕴浓郁,但是逐渐发展为小众文化,仅在部分民间盛行。竞技武术的诞生主要是受西方体育思想和竞赛模式的影响,导致武术文化的后续发展忽略了其原始的自我形态。竞技武术,无论在物器技术层面,还是制度习俗层面,都脱离了中国武术文化。中国武术文化是集中国学科于一身的文化,哲学、美学、兵学、中医以及养生学在武术文化中都有体现。因为技术动作属于对人生的体悟,所以武术文化除了有防身自卫的功能外,更有休闲娱乐的价值、修身养性的功效。武术文化的最高境界是从有形到无形,例如"拳无拳,意无意,无意之中是真意"是对武术高境界的最高诠释。[1]然而,竞技武术的出现更注重武术技术的发展,追求"高、难、美、新"的动作要求,严谨性更高的技术,强调可量化性、规范性。最具代表性的是,竞技武术中有高难度的转体动作,如360°转体、540°转体、720°转体,甚至空翻动作等。而中国武术的动作与其所属区域、民族习惯等因素有关,其原始的传承方式多是家族内传承或师徒传承。就武术的传承方式来看,中国的传统武术与竞技武术的传播方式明显不同,竞技体育受西方文化影响,多是以"班级授课"的方式展开,而训练方式也不同,于竞技体育的以基本功的训练为主,而是采用"超量恢复"的训练模式。基于现代视角来讲,传统武术有修身养性的目的,而竞技武术则是以夺取金牌为目的。综前所述,在后续的武术文化发展中,要充分利用竞技武术国际化发展的优势,实现中国武术文化的国际化发展。

(二)武术文化的失衡表现:经济效益与社会效益

武术文化的传播、传承和可持续发展的实现并非一蹴而就,而是一个漫长、烦琐的过程。基于此现实问题,首先要考虑的是维系该过程的经济投入。武术文化在传播过程,除了要实现武术动作技能的传播,更要实现武术文化的传播,使其发挥社会效益。但是,

---

[1] 李龙:《当代传统武术与竞技武术关系之解析》,《北京体育大学学报》2011年第10期。

在社会效益获取过程中,还应充分考虑经济问题。若一味依靠国家经济支持,势必无法实现武术文化的长期发展,同时也会阻碍武术文化的可持续发展。针对现实的经济问题,"商业武术"的概念被提出,即赋予武术文化商业化性质,从自身获得经济效益,为社会效益的输出提供经济支持。在发展"商业武术"过程中,有人提出,将武术文化商业化需要重视观众的心理。例如,观众的偏好是什么、什么样的商业化形式更易让大众接受。然而,基于观众视角来讲,观众更易受感官的刺激。以散打为例,因为考虑到观众的偏好,推出了《散打王》《武林》等赛事节目。

2000年《散打王》节目正式诞生,该比赛属于世界级且知名度非常高的职业散打比赛,该比赛的主旨在于传播武术文化、弘扬中族精神,将中华传统文化以及中国武术展现在世界级比赛中,让更多的人认识中国武术、认可中国文化。该比赛更倾向于世界级别的竞技格斗比赛。几十年来,该类型的比赛非常多,2002年,首届散打世界杯举办成功。2003—2004年,首届女子中国武术散打王争霸赛成功举办。2024年,中国武术散打王争霸赛总决赛也拉开帷幕。综上所述,国际赛事的频繁且持续的展开,但是从细节上对众多比赛展开分析后不难看出,这些被赋予商业形式的国际武术赛事,在发展武术文化过程中开始与武术文化发展的初衷相违背。例如,各种形式的国际武术比赛都是以国外搏击类比赛为借鉴展开的,无论是比赛场地的布局,还是武术动作技能的运用,更多的是满足观众的观看需求,所以不免有暴力、恶斗的成分充斥在比赛中。这样的比赛设计,目的是满足观者的观看需求,更直白地讲,是为满足观者的感官刺激。而武术文化传承、可持续发展的目的是,传承武术文化、弘扬民族精神,将中国传统武术文化中的"德、智、仁、勇"体现出来,更注重武术文化价值的弘扬、社会效益的体现。当然,这里并不是说武术文化的商业化发展模式不好,而是想将该模式发展过程中的问题指出——经济效益与社会效益的失衡,在后续的武术文化传承与可持续发展中,希望在使用商业发展模式时注意对其弊端的规避。

(三)武术文化在国际化推广中方向不明

实现中国武术文化的可持续发展、国际化发展是武术发展的必经之路,因为国际化的中国武术文化的推广,可以有效提升中国文化的国际地位和国际话语权。早期,国家与国家之间主要是通过军事斗争对外彰显自己的强大,目的是获得世界的认可。现在乃至未来,国际间的比拼已经转为无硝烟的战场,展开的是经济斗战、文化斗争。基于此,国家与国家之间的交流,多会出现文化交流、文化碰撞。因此,武术文化的国际化推广已经成为当下的重要课题。武术文化属于中国庞大文化系统中的一部分,仅从武术文化视角来讲,其中蕴含了丰富的内容,包括哲学、科学、艺术学、养生学等。随着武术文化的发展,其娱乐特点、竞技特点也融入其中。因此,我国武术文化在国际推广过程中,应将比较含糊的问题梳理清楚,包括谁去完成武术文化的传播、具体怎么进行武术传播等。

从目前已经展开的武术文化的国际推广活动来看,多是以武术表演团、专业武术运动员为中国武术文化的代表进行对外推广的。显然,这样的传播者团体过于局限,向国际传播的多是武术文化的娱乐性与艺术性。至于武术文化的内涵——民族文化、民族精神的传播则少之又少。其根本在于,武术文化的国际推广是个艰巨的任务,需要真正的武术人才能担负得起此重任。但是现实是,真正的武术人多流落于民间,国家对民间艺人的挖掘不够,导致可以担负起中国武术文化国际化传播的真正武术人凤毛麟角。

在武术文化的国家推广时首先要弄清的是要传播的内容,此问题与中国武术文化的国际化推广目的有直接关联。例如,中国武术文化的国际化推广的目的是让世界在认识中国武术的同时,认同中国武术、认同中国文化。所以,在确定传播内容时要优选武术文化中最具代表性的部分作为文化推广的开端。但是,中国武术文化系统庞大且复杂,导致武术文化在国际化推广时,很难做到深入进行内容选择和阐析,加之东西方文化存在较大差异,因此文化内容的精准传播难上加难。当前武术文化的国际化传播中,无论是武术表演团还是专业的武术运动员,其本质都是表演,其目的都是吸引眼球。最遗憾的是,武术表演的套路演练并不能将中国武术文化完整、精准地表现出来,直接导致武术文化的传播仅停留在形式上,隐藏了武术文化的技击内容、拳法拳理,忽略了用武之道的传播。久而久之,这会容易引起国际上对我国武术文化的误读和误判。所以,中国武术文化的国际化传播应对核心问题进行认真梳理:谁去传播武术文化、传播什么样的武术文化等。

二、新时期背景下的武术文化传承路径

(一)赋予武术文化传承与发展"新思想"

思想具有无穷大的力量。拿破仑曾说:"世上有两种力量:利剑与思想;从长而论,利剑总是败在思想手下。"还有人认为,思想属于理性与感性两种活动的结合,"思"是对经验进行理性总结、分析的过程,"想"是对感性想象、幻想的过程。历史实践证明,正确的"思想"是以符合客观事实为前提的。

基于武术文化视角来讲,新时期的中国武术文化应该有其"新思想",在新的历史征程中,应以正确的指导思想为中国武术文化的后续发展提供正确的行动纲领、科学的理论指导。中国武术文化在其国际化传播过程中,表现出了诸多的矛盾性,所以需要找

出问题的根本，取其精华的同时，剔除糟粕，结合中国国情，服务于武术文化传承与发展的"新思想"，使其后续的传承与持续发展有新的行动指南。

1. 以人为本的发展思想

人创造了文化，多元化的文化形态的出现，事实上是为了满足人的自身需求。[1] 审视武术的多个发展阶段，可以感受到不同发展时期的武术的发展与变化，都是以人类需求为源动力的。早期的人类社会中，人类在与自然斗争中求生存，不得不时刻与野兽搏斗。在长期的搏斗中，人类在血的教训中总结出了搏斗经验，从最初的徒手搏斗逐渐演变为使用工具（木棒、石头）的搏斗。旧石器时代，人类已经可以做到结合搏斗经验对武器进行改进，从初期的石头制成的尖锐的石器，逐渐到石矛，最后发展成青铜兵器。在此过程中，武器的杀伤力不断升级。此时，人类开始结合武器的特征，改变搏斗动作。

不仅如此，各个部落的冲突也是不断的，他们为了争夺更适合人类居住的环境而战，例如著名的涿鹿之战。夏是中国历史上首个奴隶制国家，从那时起，战争正式拉开帷幕，由此推动了武术的快速发展。兵器不断的改进、战术不断优化，成了该历史时期武术快速发展的核心动力。从宋朝到清朝，武术已经进入其发展的成熟阶段，也正是在该历史时期，热兵器退出历史舞台，取而代之的是冷兵器，很多武器也不再出现在战场上。因此，武术正在按照人类的需求发生改变。进入现代后，武术已经成为集娱乐、健身为一体的休闲项目。中华人民共和国成立后，中国走在被国际上认可之路上，并拥有了一定的话语权，武术也在其国际化推广中不断发展。因为以奥林匹克运动项目为代表的体育项目在国际上的认可度较高，且有竞技性，竞技武术由此诞生。[2]

武术是被人类创造出来的，而其本质是武术为人类提供服务。武术在发展过程中、在满足人们的需求中不停地调整。简言之，在文化竞争过程中，武术的发展与否是由其发展形势决定的——顺应社会大众的心理需求、有利于社会大众的生存和发展则胜，反之则败。[3] 武术文化的发展，其根本是满足人的需求，所有形式的文化形态都应充分考虑且满足人的身心需求，并结合人的不断变化的需求对自身进行调节，以提升武术自身的适应性。基于此，新时期背景下，武术文化应充分依靠人的需求，并尽量满足人的需求。马克思主义的基本原理之一是人的全面发展，这也是我国教育所遵从的。所谓人的全面发展指的是，人可以在德、智、体、美、劳等素质中实现全面且完整的发展。社会文化中，无论是科技文化还是商业文化，都是其本质，前者以物质为本，后者以经济为本。基于物质文明发展视角来讲，时代进步的同时，人的道德精神会悄然发生变化，很多人的道德自律性薄弱。文化最初是人发明创造的，所以，应该为人提供服务。遗憾的

---

[1] 韩东屏：《用文化工具论把脉中国传统文化》，《河南社会科学》2008年第2期。
[2] 刘文武：《武术研究引入"文化工具论"的重要意义探析》，《武汉体育学院学报》2013年第5期。
[3] 高宣扬：《流行文化社会学》，中国人民大学出版社2006年版，第73页。

是，人类精神并非完全进化，人类很容易因为物质表现出贪婪的一面。所以，武术文化的传承与发展需要以人为本，以生产环境为基础，在人类生命需求得到满足后仍然不断进化人的精神，实现真正意义上的人的全面发展。

2. 深入探索现代化转型机制的可行性

社会现代化转型已经发生，直接引发了社会文化多方面的改变。基于文化现代化发展视角来讲，现代化表现的是对先进文化精髓的继承和持续发展，是对百花齐放且健康发展场面的呈现。现代化社会是一个消费的时代，多元化的社会文化只有进入且可以融入其中时才可以将自己的价值充分体现出来。这其中也包括武术文化。

针对新时期武术文化的保护和可持续传承问题，众多学者都提出了一个相同的理念，即武术"原生态"和"回归"理念。但是，文化本是人类创造，且文化本身需要最终服务于人类，所以在社会现代化转型过程中，武术文化应该与时俱进，服务好人的现代需求。竞技武术结合了现代的社会需求，更能与现代化社会相融合，表现为一种消费时尚。若武术文化过分追求其原汁原味以及原生态的保护，便会使得武术文化与社会脱节，人们几乎接触不到它。原因在于它缺失了社会需求，最终的结果是它会慢慢淡出人们的视线，最后被遗忘。竞技武术则完美诠释了"适者生存"的道理。

武术文化要想实现全面且均衡的发展，首先要做到的就是与现代化社会相融合，融入现代的消费时尚，成为可供现代化社会消费选择的对象。基于武术文化视角来讲，只有做到与现代社会的融合，才是对其最有效的保护、最实质的拯救，才能进行后续的武术文化传承和可持续发展。

现代化社会的竞争是非常激烈的，竞争无处不在，人的精神在长期的高度紧张下，容易出现人体机能的下降的情况，严重时还会出现心理疾病。加之新时期背景下，人们生活条件得到明显提升，不良生活习惯也随之显现，很多人患上了"富贵病"，最具代表性的是肥胖、高血压、糖尿病等，且这些病呈年轻化的发展趋势。人类的亚健康问题已经成为具有普遍性的社会现象。这些问题成了武术文化与现代化社会融合的新契机。武术文化的健身特性可以满足现代人的健身需求——外练筋骨皮，内练一口气。不仅如此，健康除了是个人需要外，同时也是社会需要。21世纪的"大健康"指的是健、康、智、乐、美、德，这些在武术文化中都能得到凸显。

武术文化满足了现代社会的和谐价值观的需求。和谐，是我国当前重要的建设目标之一，更是社会建设领域中的价值诉求。将武术文化中的和谐价值观与社会生产过程、人们的物质生活、人类的精神世界相融合，共同渲染、净化人类的心灵，实现多元化的和谐，主要体现在人与人的和谐、人与社会的和谐以及人与自然的和谐。

3. 以文化生态文明建设为理念的武术文化可持续发展道路

生态文明指人类在物质与精神产生过程中，必需遵守的生态系统、社会经济系统内部运行的规律，可以充分将人的主观能动性发挥出来，完成真正意义上的人与自然的和谐共存、人与社会和谐共存文明形式的建立[1]。在武术文化的传承与可持续发展过程中，经济是重中之重。因为进入当前消费时代后，我们首要面对的是自身经济建设的问题。基于武术文化产业化经济建设视角来讲，其文化生态文明建设理念需要以满足自身经济建设为基础，以文化产业自身的可利用的自然资源、人文资源为依托，科学、客观地看待文化产业中的可用资源，包括资源与环境、环境与效益等之间的关系，实现人与环境的和谐共处、共同发展。

以武术文化的旅游业发展为例，武术文化的旅游业发展过程中，其经济建设方面存在明显不足。除获得经济利益外，更重要的是让更多的人对武术文化感同身受。谈到武术文化的旅游产业发展，众人最熟悉的莫过于嵩山少林寺，很多人是通过旅游了解武术文化的。但是，武术文化的旅游业在发展过程中出现了很多有悖于生态文明建设的地方——对环境产生破坏，甚至出现欠妥的发展模式。其根本在于，嵩山少林寺过于注重对旅游景点趣味性的开发，严重弱化了本该保留的武术文化特色，在浓郁的旅游味道的影响下，原本的练武之地的魅力正在消失。之所以这样讲，是因为练武讲究"天时地利人和"，其追求的更高境界是"练心"，也就是对"禅宗"的修炼，此修炼过程的环境需要的是幽静。偏离武术文化发展初衷的景点，即使游客慕名而来，多数游客也会在参观结束后对于武术文化的了解少之又少。由此可见，偏离武术文化发展的旅游模式是无法实现武术文化的传承和可持续发展的。综前所述，武术文化的旅游产业的发展，切勿追求过于全面的经济化建设，应将发展重点放在武术文化传承方面，例如通过开展与武术文化相关的旅游活动，从武术文化氛围、武术文化熏陶、武术文化参与方面，让游客感受、认识、了解武术文化。该模式的武术文化的旅游业的发展不仅可以高效利用武术文化资源，还能在参与性强的旅游模式中让游客认同武术文化。

文化形成于特定的自然环境中，有差异性的自然环境铸就的文化形式也会存在差异性。同理，当文化表现出多样性，那么其产生的自然环境也有多样性特点。两者之间存在相辅相成，密不可分的关系。所以无论是武术文化旅游业的发展，还是自然环境中形成的文化产业的发展，其正确的发展理念即为生态文明——树立人与自然的和谐相处的理念，在发展过程中，正确看待自然效益与社会效益两者之间的关系。展开武术文化的建设工作时始终秉承生态文明理念，坚持以生态为导向，并将生态文明理念体现在核心价值体系、文化产品创造、文化产业发展中。基于新时期视角来讲，生态文化既是文

---

[1] 廖福霖：《生态文明建设理论与实践》，中国林业出版社2003年版，第89—102页。

生态新形态的体现，也是中国先进文化的体现。武术文化的生态化发展是非常有利于丰富中国特色社会主义理论体系的。

（二）武术文化的"新征程"

党的二十大作出"推进文化自信自强，铸就社会主义文化新辉煌"的部署。新时代以来，我国在文化建设领域取得了一系列的伟大成就，不断厚植新时代文化自信的沃土，为增强文化自信提供了强有力的支撑，为党和国家事业开创新局面提供了强大思想保障。在党对宣传思想文化工作的全面领导下，在习近平新时代中国特色社会主义思想的科学指导下，社会主义先进文化、革命文化、中华优秀传统文化得到广泛弘扬和传承，文化事业蓬勃发展，国家文化软实力和中华文化的影响力日益攀升。基于新时代背景下，应让武术文化的传承与发展走上"新征程"——走"三省吾身"之路、走"文化自信"之路、走"国际化"之路。

1.武术文化的"三省吾身"之路

"三省吾身"的重点有两个，第一个是"省"，解释为检查或者反省；第二个是"身"，解释为自身。武术文化的"三省吾身"之路同样为两个重点：其一，自我审视；其二，文化自新。

（1）自我审视

有学者提出武术文化是觉醒文化的理论[1]。"认知"属于个体对外界信息实施加工的过程，是对客观世界认识的活动过程。不仅如此，"认知"还是生命展开自主维持过程中必不可少的行为，所以生命成了认知的充分且必要的条件，生命与认知的关系是同延[2]。

老子曾经说过："知人者智，自知者明。胜人者有力，自胜者强。"武术文化体现的是中华民族智慧，即"智慧文化"。智慧离不开自知，换言之，智慧是自我认识的过程。王岗、郭华帅共同发表了《太极拳：一种典型的水文化》一文，在文章表述了对中华文化的理解——中华文明可以用"水"字贯穿始终，并且表示太极拳属于水文化，也属于活的文化，该文化是有生命的[3]。该理论同样适用于武术文化，武术文化也是有生命的，其生命体现在思想方面、智慧方面。特别是新时期背景下，中国武术发展迅速，已经发展到特定高度，那么武术在"自我认知"方面，同样应该表现出新的认识。

全球文化频繁交互的当下，身体文化的密切交流与碰撞，已经被作为一种突破国家

---

[1] 王纳新，于秀，张银行：《武术的文化解释》，《北京体育大学学报》2017年第5期。
[2] 李恒威，肖云龙：《自创生：生命与认知》，《上海交通大学学报（哲学社会科学版）》2015年第2期。
[3] 王岗，郭华帅：《太极拳：一种典型的水文化》，《武汉体育学院学报》2009年第3期。

与民族障碍的新型国际语言。[1] 武术文化在其快速发展、不断传承过程中，已经发展为认同度高的中华民族文化，同时在国际上的认知度也在不断提高，武术文化必将实现国际化发展，并成为国家文化中的重要部分。

武术文化无论是在国内还是国外发展，其自身形象的认知是至关重要的。基于武术文化的国内的传承与可持续发展视角来讲，自我认知是以"和谐"为核心定位，是构建良好中国国家形象的必要前提，除了注重武术文化的传播，更应注重国家形象的构建。基于国际发展视角来讲，自我认知是树立正确的中国武术文化形象的基础，除避免世界对中国武术文化误读外，更能增强世界对中国武术文化的国际认同感，成功树立中国武术文化的国际地位，拥有了一定的话语权。除此之外，基于更高视角理解自我认知，它是 21 世纪全人类持续发展的前提，同时还是武术文化作为国粹发展的历史使命与责任担当。[2]

中国武术的最高境界是"和谐"，虽然武术文化中有技击性，可以表现为"一招致命"，但真正的中国武者通常并不会胜之以武，相反，他们是以德服人。古代武者经常会有武艺切磋，他们都会遵从不成文的约定，即点到即止。不仅如此，他们会将切磋的过程视为相互学习的过程，所以，在切磋前会行抱拳礼。这些都是武术文化"和谐"理念的外在表现。中国非常推崇"和谐"理念，这也使中国在全球治理中担任重要角色。中国在国际上成功构建了正面的"和谐"文化形象，将中华文明礼仪、顽强不屈的民族精神展现了出来，使中国武术文化在国际上发挥着举足轻重的作用。

（2）文化自新

发展是以正确认知为前提的，换言之，只有认清自我后才可能实现自我发展。特别在当今以互联网为引领的科技时代，信息量爆棚，其中也包括文化信息。武术文化的持续发展，除了前述的自我审视、实现自我认知外，还要在"认知"中有更多的突破，实现"自新"，即文化自新。只有实现了"文化自新"，才能避免被淘汰出局。热兵器时代，竞技体育成为该历史时期中国武术的发展主体，换言之，武术文化在该历史时期实现了"自新"，有效避免了西方竞技体育文化的剧烈冲击，在顺应国际潮流发展的同时，实现了武术文化的持续发展。

基于武术文化的保护、传承、可持续发展等视角来讲，有学者认为，中国武术文化需要"回归传统"，将重点放在"真实"的自身保持上，不应该实施文化的变革与发展。因为在变革和发展过程中，容易出现其传统的丢失。[3] 也有学者认为，中国武术一定要进入奥运会，因为这是让世界认识、认同中国武术文化的最佳道路。还有学者认为，中

---

[1] 陆小黑、张道鑫：《文化软实力视域下中国武术的特有价值研究》，《山东体育学院学报》2018 年第 2 期。
[2] 郭玉成、李守培：《武术构建中国国家形象的定位研究》，《北京体育大学学报》2013 年第 9 期。
[3] 潘沉香、刘建军：《中国武术异化研究》，《体育文化导刊》2017 年第 2 期。

国武术可以不用那么着急进入奥运会，重中之重是处理好自身问题，只有做到无坚不摧，才具备进入国际的核心竞争力。笔者认为，只有不断的"自新"，才能不断强大，特别是在万众创新的当下。人为了适应飞速发展的社会，需要不断学习，不断充实自己，做到与社会发展同步。还有人大胆推测，将来互联网可能会消失，它将被更有高度个性化、互动化的物联网所取代。综前所述，传统的东西有其自身优势，但是若它一成不变便会成为不断发展的社会中的矛盾体，这也是传统文化在快速的社会发展中发出无奈嘶吼的原因。文化若想要赶上时代的发展，就必须要"自新"。"文化自新"是武术文化持续发展的必然选择。[1] 武术文化不仅要展开内部的"自新"，更要结合时代发展，实施外部的"自新"，例如自我包装。任何物质，无论其是有形的还是无形的，都在不断改变。虽然人类不断改变着世界，但是，人类在此客观世界里生存不也正在被这个世界改变吗？所以，武术文化也需要改变，在不断的"自新"中走向"复兴"。

（3）文化复兴

武术文化的力量是不容小觑的。基于武术的精神层面来讲，中国的习武之人，霍元甲、陈真等，向世界展现中国力量。这股精神体现了中国的传统精神——"天下兴亡、匹夫有责"，也正是此精神让中华民族薪火相传、生生不息。[2] 这股精神在历史的种种事迹中都表现出强大的支撑力，而这股精神正是武术精神。

综前所述，武术文化的"复兴"之路应以"精神"为开端。中西方的"精神"是不同的，西方注重外显，且更理性，以科学为支撑，外显的是人文精神；而中国注重道德和伦理，外显的道德精神。基于中国武术视角来讲，其追求的是教化、崇尚的是道德[3]。对武术文化进行精神的提炼，可以概括为五个字：仁、礼、义、信、勇。这五个字也是中国人做人的基本准则。

中国武术文化并不局限于前述的"精神"层面，所以在对其进行文化复兴过程中，不能仅局限于精神层面的复兴，而是需要对其深度挖掘，这样才能让新时期的中国武术文化再次热血沸腾，并在国际舞台上展现出不一样的精彩。

2. 武术文化的"文化自信"之路

党的二十大报告中，以习近平同志为核心的党中央高度重视社会主义文化建设，并要求我们必须从源远流长的历史来认识中国，必须在深刻认识自身历史传统、着力建设中华民族现代文明的进程中，不断坚定历史自信、文化自信。

基于武术文化自信视角来讲，其文化自信的建立是以话语权、道路自信、理论自信、制度自信为基础的，基于此，下文将通过这几个方面深入探讨武术文化的"文化自信"

---

[1] 张红、杨丽、田文波：《武术的文化自新与21世纪武术的发展》，《成都体育学院学报》2008年第12期。
[2] 徐锋、徐俊：《中国传统武德文化的当代价值》，《体育文化导刊》2017年第11期。
[3] 王林、虞定海：《全球化语境下武术发展的文化版图审视》，《武汉体育学院学报》2008年第5期。

之路。

（1）掌控武术文化的话语权

从宏观到世界历史，再从微观到某一物质，甚至精准到某个元素，偶然间会有较大幅度的跃退属于正常现象。以"文化"元素为例，基于唯物辩证法视角来讲，否定已经否定的就会有肯定，所有事物不可能始终都处于风平浪静或协调有序的状态。也正因如此，多数事物的成长都需要经历否定已经否定的过程，都会在经历一个又一个困顿后曲折前进[1]。当代社会的显著特征之一是多元化。特别是进入信息化时代以来，信息的叠加及更新是非常快的，多样化的信息快速更替，不断影响着人类社会，使其表现出多元化、复杂化的特点，更推动了多样化文化更新与转型的脚步，新文化形式不断涌现。此时，多样化的文化除拥有机遇外，还要面临挑战。

武术文化在多元化的社会背景下，同样经历困顿，不断挣扎。话语权是国际交流中的重要影响因素，若失去话语权，在世界上就会很被动，其发展受阻也是意料当中的事。同理，武术文化走出困顿的最佳之路就是在多元文化中获得话语权。

话语指的是用于传播的语言，其形式可能是手段或工具。话语的目的性很明确，即让对方受到影响。所以，话语除了是思维符号外，更是交际的有效工具，在很多时候表现为交际手段。其目的是展现极强的"权力性"，因此形成了国际交往中的话语权[2]。话语权体现在社会人表达意愿的权力方面、资格方面，社会人可以通过话语的方式完成自身诉求的表达，并对他人产生影响，包括决策影响，所以话语权是权力，更是手段。多元化社会中充斥着复杂、多元、求生欲望极强的众多文化，所有文化都希望可以获得生存权利并得到持续发展，因此都需要依靠话语权获得地位。基于此，提升武术文化的话语权，在复兴武术文化的道路上显得尤为重要。拥有话语权就意味着可以在多元文化中获得一席之地，更是拥有了对外传播自身文化的机会和手段，并让更多的人可以了解自己的优点、特征，并获得更多人的认可。获得话语权就等同于获得了强有力的后盾，包括政治后盾、经济后盾、教育后盾等。通过多元化途径，完成自身文化的对外传播，久而久之，会对各类文化产生影响。话语权的获得还等同于获得了制定游戏规则的权利以及游戏的最终解释权。例如西方强国的文化，其对外传播相对顺利且高效，是因为西方强国拥有话语权，因此，可以在国际上实施有效的自身文化价值的传播、精神的传播，甚至是理念的传播，让世界各国认识自己、从而主动或被动的认同自己、接受自己。

中国武术文化拥有其特有的内涵，是有效增强国际话语权的手段也是夺取话语权过程中的核心竞争力。面对丰富的文化，要想在其中获得发言权，首先是要表现出自身文

---

[1] 李丽：《文化困境及其超越》，人民出版社 2013 年版，第 12—13 页。
[2] 张国祚：《关于"话语权"的几点思考》，《求是》2009 年第 9 期。

化的与众不同，其次是拥有极强的说服力。

武术文化中蕴含了丰富的中华文化元素、民族精神，这些也被称为武术文化在国际上争夺话语权的核心力量。中国武术始终坚持"知行合一"理念，该理念还是武术认识论的基础。基于技术视角来讲，中国武术讲究切合、实用，其技击特点非常突出，套路练习与对抗性练习构成了武术技术体系。前者是训练基础，夯实基础后才能将其拆为散手，后续才是"递手"，逐渐过渡到后者，即对抗性的练习，由此武术训练体系得以构建。[1]"知"可以解释为人的道德意识、思想意念。"行"可以解释为人的道德践履、实际行动。"知行合一"可以解释为道德意识与践履之间的关系，或思想意念与实际行动之间的关系。举个例子，中国自古有"天下兴亡，匹夫有责"的说法，这正是习武之人对"知行合一"理念的完美诠释。

除"知行合一"外，中国武术文化还有"天人合一"的观念，换言之，是追求人与自然的和谐共处。基于思想视角来讲，武术始终追求人与大自然的和谐共处。习武之人在练习时会充分考虑自然气候条件，地理环境和人心所向，然后确定训练内容和训练方法，目的是让习武之人的身心融入大自然。基于技术动作视角来讲，很多拳种、动作的命名都是引用自然中的事物，最具代表性的是螳螂拳、虎鹤双形拳等。

学习和练习武术过程中非常讲究动作和谐、动作协调。简言之，追求"合"。例如武术中常说的"内外三合"，实际上是"心与意"之合、"意与气"之合、"气与力"之合、"肩与跨"之合、"肘与膝"之合、"手与足"之合。[2]武术的学习与训练中，其技术要求除讲究内外三合外，还对形神有较高的要求，即"行""神"的协调一致。中国武术文化除了吸收传统文化思想，即"知行合一""天人合一"外，更讲究多种学说，例如"阴阳学说""太极学说"等，这些思想与学说共同造就了武术文化，更捍卫了其在世界文化中的重要地位。

中国武术文化最大的亮点是蕴含了儒家思想。该思想中的"仁"对武术文化的影响是根深蒂固的，甚至成为武德思想的核心。正因如此，中国武术表现出鲜明的文化特点——崇尚伦理、仁义忠信，它不再是形式上的"技击术"，更是可以修身养性、精致生活的方式。

武德始终贯穿于中华民族的精神中，践行着"自强不息"的道德之路，因此，武德也成为中华民族生存、持续发展、不断繁荣与富强的精神支柱。时代不断变迁，推动了社会的快速发展，蕴含于武术文化中的忠于祖国、仗义济民、诚信礼让、自强不息、净化人格等精神，成为当代人摒弃心浮气躁、利益攻心的必要精神。最重要的是，武术文

---

[1] 温力：《中国传统哲学的"知行合一"和武术的技击特点》，《体育科学》1993年第3期。
[2] 马艳：《论传统武术的教育价值》，山东师范大学硕士学位论文，2008年。

化中蕴含的精神，顺应了"人类命运共同体"的发展理念。

由于新技术的快速发展和全球网络的强烈冲击，媒体间的界限变得模糊，传播渠道开始表现出多元化发展趋势。多样化媒体的碰撞与融合使新型传播平台、新兴媒体诞生，传统的报纸、电视与网络实现了跨媒体联动，多样化资源实现共享，并成为常态化传媒方式，传媒生存形态正在走向融合。社会媒体环境下，除了为各国的话语权创设平台外，更为多样化文化现象的高效传播提供了有效的传播路径。因此，武术文化话语平台的建设的重点在于如何与多类型媒体合作，如何精准把握社会媒体的发展方向以及如何获取媒体技术制高点。显然，这是一项长远且艰巨的任务。

当代社会的媒体已经非常发达，在实现自身与媒体的合作时，其主旨在于让更多的人认识自己、认可自己，最终接受自己。自身文化的国际化传播要懂得遵循市场规律，这是非常重要的。努力让自身文化信息与社会需求相符、满足时代要求。以当前热度比较高的瑜伽来讲，它在中国发展过程中有非常多的派别——智瑜伽、业瑜伽等。其派别不同意味着其侧重点也会不同。事实上，瑜伽的本质是在练习过程中了解自身的运动方式，其意义在于认识自身，引导练习者去探索自身。目前市场上，外来瑜伽文化大量涌入国内，对大众的吸引力明显大于武术文化。为什么瑜伽可以逐渐发展为国内主流的健身方式？其根本在于，瑜伽进行了商业包装。商业包装后的瑜伽被赋予了众多功能，例如平心静气、有利于心血管和脑血管病的控制、可以缓解压力与焦虑等等，事实上，瑜伽的功能是提升练习者的柔韧性，至于其他功效，并没有依据可以证明。只是商业包装将瑜伽演绎成商家所希望的样子。除了瑜伽，占据中国健身市场的还有跆拳道、搏击等。

综上所述，武术文化在建立话语平台时要注意几个要点：合理包装、必要创新、传播有效的信息——将自身强大的文化魅力彰显出来的，对更多的人产生吸引甚至是影响。

（2）深凿武术文化自信

道路是由方向决定的，而命运又是由道路决定的。中国武术文化的发展道路是深凿武术文化自信，因为自信是对武术文化发展方向、武术文化未来发展命运的坚守。中国武术从诞生到进入高潮发展阶段，始终肩负着同一使命，即实现民族解放、人民幸福。进入新时期以来，中国面临文化大爆炸的发展趋势，中国武术的历史使命、发展道路发生了变革——从最初的中国武术实现"民族解放"到通过中国武术使民族间的文化产生相互影响、使其可以相互吸收、相互融合，最终实现文化创新，获得全新突破。不仅如此，中国武术的发展关联了文化自信，成为实现中华民族伟大复兴的重要因素。

武术文化发展过程中的重中之重是高定力、高耐力、高活力，可以将中国武术的文化自信精准地表现出来。其文化自信一定要摆脱尘俗诱惑的"定力"。这里的"定"可以解释为佛法之中枢。这里的"定力"指在特定条件下对自身欲望、自身行为的控制能力。习武之人都听说过"冬练三九，夏练三伏"，这句话体现的正是出色武者必须具备的"定力"，这是通过对自己欲望的控制实现的。进入新时期以来，文化领域大力支持文化创新，同时还将创新确定为人类文明进步过程中的永恒主题。当然，其中也包括武术文化，创新可以使其源远流长。创新固然无误，但是对其尺度的把握至关重要。以太极拳为例，当今的太极拳已经成为中国武术面向国际的旗帜，国际社会也将其作为了解中国民族文化、中国精神的重要窗口。所以，太极拳在发展过程中，对度的把握至关重要，特别是本属"纯真"的太极拳文化应以其"本"为基础实施创新。简言之，因以原有基础为根本，对其进行加工、提炼、升华，实施有效、适宜的创新，切勿为了创新而创新，从根本上对其改头换面。这不是创新，而是对中国文化的践踏。"伪创新"会使中国武术跌下传统文化的品牌代言人的国际舞台。武术文化的创新，要的是其在未来发展道路上可以将其品格、灵魂、自信、傲骨进行保留与彰显。

中国武术文化的发展还要注重其自信的高耐力。古代时的"耐"可以解释为剃须，同时还是一种刑罚。因为在古人看来，身体毛发受之父母，所以他们非常看重自己的头发和胡须，并将其与孝道关联在一起。不仅如此，古人还以长须为美，所以将胡须剃了，不仅是变丑，还是不孝的表现。后来，"耐"逐渐引申为忍受得住的意思，有耐久之意，后来出现了"耐力"一词。

中国武术文化的发展之路是漫长且无止境的。孙中山曾讲过这样一句话："世界潮流，浩浩荡荡，顺之者昌，逆之者亡。"这句话很好理解。在世界发展大潮中，奋进发展的气息始终存在。顺应其发展会走向巅峰，反之，走向衰败。从此"耐力"成立中国武术文化发展的硬性条件，其"耐力自信"直接表现在文化碰撞中、交锋的抗压能力中。中国还讲究"以礼待人""以德服人"，这也是武术文化的生命禀赋与其存续的耐力的表现。中国武术文化的"耐力自信"的养成，使其将诸多优秀品质汇聚于一身——开放包容、兼收并蓄、海纳百川。

世界上没有任何一种物质可以独立存在，武术文化也是如此。它的存续与发展需要源源不断养料的滋养，而养料来自其成长道路上汲取的外来文化。在外来文化汲取过程中，重点在于武术文化自身的态度，这也是对其文化自信的考验过程。中国武术本身属于多元文化的融合体，其"自信耐力"取决于其开放包容、兼收并蓄以及开放进取的精神。简言之，中国武术文化自信耐力的强弱，取决于文化的自身条件、文化的自身信念是否坚定。所以，中国武术文化在发展过程中需要不断提升自身条件，始终坚定自身信念。

中国武术文化在发展过程中，其文化自信还应表现出较高的活力。活力可以为中国武术文化的持续发展源源不断地补充能量，可以使文化在困顿中不断求新、不断求变，使其潜能在竞争中被激发,让自身始终处于不败之地。中国武术文化的发展道路并非一帆风顺,只要不断发展,新挑战就会陆续出现。宋朝建立初期,统治者不仅推行守内虚外政策,还对民间习武活动进行限制。到了开宝三年(970)有诏下,曰:"京都士庶之家,不得私蓄兵器";淳化二年(991)皇帝再次下诏,曰:"申明不得私蓄兵器之禁"[1],后续陆续有禁武令的诏书下达。进入清朝,清政府更是严禁民间习武学拳,人们以秘密结社的形式对该历史时期的武术文化实施传播。由此不难看出,武术文化在当时的民间有着势力不可挡的活力,这正是活力使得武术文化得以延续。梅花被视为花中四君子之一,它还是中华民族的精神象征,因此有了"玉骨那愁瘴雾,冰姿自有仙风"之诗句。中国武术同样需要梅花的精神,不会因为瘴气侵袭而失去活力、努力在困境中求生存,表现出顽强的精神。

(3)强化武术文化的理论自信

新时期背景下,我国仍然需要坚持理论自信,使中国武术文化走上新征程。理论不仅是认识、解释世界的知识体系,同时还是一种正确的思维方式和具有特定价值的规范,某种意义上会对人的观念产生影响,指导人的行为。此处的"理论自信"是以理论特质为基础表现出的坚定自信。中国武术理论体系的指导思想是始终坚持实现人民愿望,满足人民需求。武术理论指导指武技的实践活动,包括武技中的"学""练""用",体现的是武术的功能价值取向,同时还是人们开展武术活动的主旨。用理论联系实际,结合当前社会需求,将武术的理论自信确定在竞技武术与武术的理论方面。基于和平发展的历史时期,国际竞技体育已经表现出其另一面——无硝烟的战场。运动成绩既是对国家经济的反映、科技的反映、社会稳定的反映,又是国民体质状况的表现。现代化社会背景下,仅凭借运动员的努力是无法获得优异成绩的,还需要较高物质条件、科学管理的加持,所以,竞技水平被视为国家综合实力的体现。竞技武术是特定历史时期的产物,竞技套路被视为时代产物。它的诞生是由于武术文化发展的需要,虽然并不具有唯一性,但却是实现中国武术文化国内外传播的有效路径。至今为止,竞技武术仍然是弘扬中国武术文化的有效途径之一。竞技武术套路是武术文化发展过程中的产物,以中国武术为基础,对西方外来竞技体育思想的借鉴改进,使其可以与中国武术文化相融合。简言之,竞技武术套路是以中国武术为根本,在武术文化需要获得新的生命力时,对自身现代化意义和价值的转换和实现。在现代文化潮流中求生存与发展,对自身文化进行不断改造、不断融合、不断超越与不断更新。近年来,竞技武术套路的国际化发展迅速,这是有目共睹的事实。在竞技武术套路发展过程中,武术文化也得到了有效推广,特别是国际化的推广,为中国武术文化的国际化发展开拓了道路。

---

[1] 陈振:《宋史·兵志十一》,上海古籍出版社 1986 年版。

坚持以继承传统为根本，重视武术理论，特别是攻防实用性突出的技击武术理论。在不断发展的过程中，武术中的技击术不再被用于部落间的冲突与谋生搏斗，同时淡出了区域斗争的战争。武术伴随着现代化发展而不断发展，需要特别注意的是，不能因为武术技术与武术动作的技击效能的消逝以及技击功能的退化，就盲目忽略或直接否定技击性本质特征的存在。[1] 其根本在于，中国武术无论基于其起源视角来讲，还是基于其本质视角来讲，都是建立在技击性上的，技击性还其明显区别于其他项目的显著特点。技击性属于中国武术内容之根本，无论是武术的强身健体，还是武术文化的继承传统，在对其传承和可持续发展的过程中，都需要确保其技击动作的完整，反之，会使中国武术失去灵魂。

坚持以保持健康、修身养性为目的，重视武术理论，特别是以武术套路与其健身功法为活动内容的武术理论。中国自古以来讲究"天人合一""天人和谐""动而健"等健身理论。[2] 由此不难看出，武术具有健身功能，同时，这也是武术明显区别于其他运动项目的显著特点之一。生活水平不断提升，大众对内心世界的高度追求越来越强，越来越多的人通过易筋经、五禽戏、八段锦、太极拳认识武术并喜欢上武术，并将其作为自己的健身、日常陶冶情操的方式。武术运动注重人体呼吸的调解，在此过程中，对人的呼吸系统、神经系统等进行了锻炼。这是一种由内向外的锻炼方式，要求练习者形神兼备、动静结合，在一招一式中感受武术中的刚柔并济。也正因如此，武术成为很多当代人的健身首选。

武术经历了漫长的发展过程，不断汲取了多学科的知识精华，如中国传统医学、养生学以及仿生学等，形成了形式多样的练习姿态，有效扩展了武术的健身功能。[3] 与此同时，武术还有防身自卫、修身养性、休闲娱乐等功能，不仅能满足大众的健身需求，更能满足大众的精神需求。

（4）增强武术文化的制度自信

为进一步坚定制度自信，要全面加强党的领导，坚持守正创新，坚持科学社会主义基本原则，避免在根本性问题上出现颠覆性错误，坚持好、巩固好经过长期实践检验的我国的国家制度和国家治理体系。坚持系统思维、辩证思维、底线思维，根据时与势不断完善和发展我国的国家制度和国家治理体系，使各方面制度更加成熟，把制度优势转化为治理效能，进一步彰显中国特色社会主义制度的显著优势，让中国特色社会主义制度永葆生机活力，为国家长治久安、人民幸福安康提供更加坚实的制度保障。制度自信的提出，彰显了中国特色社会主义制度的内在优势以及对中国特色社会主义制度的高度

---

[1] 王岗：《中国武术技术要义》，山西科学技术出版社2009年版，第47—48页。
[2] 沈其茜：《全民健身：新时期体育事业的新起点》，《上海师范大学学报（自然科学版）》1997年第2期。
[3] 王国志：《社会学视野中的大众武术研究》，北京体育大学出版社2011年版，第128—129页。

认同和坚守。基于制度根本视角来讲，需要形成制度文化，由此缔造制度文明。特别是在国际交流频繁，外来文化集中涌入国内的大背景下，多元文化对中国武术文化的冲击是非常大的，例如跆拳道、柔道、瑜伽等。中国武术的管理方式、制度有待完善。最具代表性的是，很多武馆、武校存在诸多问题，如自身欠规范、招生欠合理。显然，这些是非常不利于武术文化的传承和持续发展的。中国武术在其发展过程中，经常出现赛场门庭冷落的问题，由此也表现出了我国武术项目，无论是其管理，还是其制度方面，都明显跟不上武术发展的要求。

综前所述，这些问题都是制度问题所致，非常不利于可行制度文化的形成。所以，要想加强武术制度自信，需要以完善制度文明为基础，为后续建立科学、可行的市场机制奠定基础。武术管理层内部结构也亟须调整，因为这是建立制度自信、强化管理职能的必要条件，更是考察、治理武馆、武校的办学条件、武术教练员以及武术教学水平的有效方式。从武术的比赛制度方面来讲，只有实施裁判员的有效管理，才能实现公平、公正的比赛环境，树立良好的赛风。

"双轨制"指在办好竞技武术比赛的同时，还能建立起适合度高的武术文化特点的赛事制度。[1] 所以，武术文化的传承与可持续发展过程中，应该将"双轨制"的发展提上中国武术发展、传承的工作日程。20世纪60年代初，竞技武术"高、难、美"的制度被提出，直接将竞技武术推向了新的发展高度，从这时起，中国武术走上了日渐被边缘化的道路，原本内容丰富的中国武术文化开始走向单一。所以，中国传统文化的继承与持续发展，离不开"双轨制"制度的实施。应完善市场机制，建立起必需的制度文化，这是强化我国武术制度自信的必要条件之一。只有在建立制度自信后，才能加强制度自信。也正因如此，我国大力支持并积极推广武术段位，展开了长达十年的规划（2014—2023）。2011年，具有权威性的国家武术运动管理中心正式启动了中国武术段位制标准化管理体系建设工作，该工作的主旨在于推动武术段位制建设、助力武术文化的快速发展。武术文化的制度自信得以建立，武术的段位考试点可以覆盖多个区域，包括学校、社区、甚至是军营等在长时间的推广后，武术段位制获得了较高的社会知晓率和参与率，构建了武术段位制全民健身公共服务体系。

武术段位制得以制定，但是其与武术运动员技术等级审批制度还是有明显区别的，前者是对武术锻炼体系以及技术等级评价标准规范的建立[2]，后者是为持续提升运动技术水平而建立的运动员技术等级规范体系。[3] 中国武术段位制是将每个武术拳种的基本技

---

[1] 周伟良：《论传统武术的历史走向》，《上海体育学院学报》1999年。
[2] 国家体育总局武术运动管理中心：《中国武术段位制手册》，中国武术协会2013年，第2—4页。
[3] 刘鹏：《运动员技术等级管理办法》，国家体育总局竞技体育司，http://www.Sport.gov.cn/n16/n33193/n33208/n33433/n33688/4986319.html。

术要素总结为五个要点：打、踢、拿、靠、摔，同时再围绕这五个要点结合攻防元素设计成1—6段技术，7—9段则是主体，这部分属于理论段位，除了对武术学术成果的质量与数量有明确的要求，对于技术方面还有拓宽与发展的要求。[1] 中国武术段位制的运行机制顺应了全民健身时代的发展需要，更顺应了群众武术发展的需要。最重要的是，中国武术段位制的运行体现的是道德规范的约束。

文化无论对国家还是对民族来讲，都是其灵魂。中华民族伟大复兴同样是建立在文化繁荣兴盛的基础上的。习近平总书记在二十大报告中强调了"四个自信"：道路自信、理论自信、制度自信、文化自信。基于新时代背景下，对"四个自信"以及文化话语权的坚守无疑对推进中国特色社会主义伟大事业、实现中国梦具有切实意义。基于中国武术文化视角来讲，在努力提升中国武术文化的国际话语权，实施中国武术道路自信的深度挖掘，加强对中国武术的理论自信的同时，要加强其制度自信，积极响应国家坚守"四个自信"的号召，助推中国武术的迅速崛起和走向辉煌。

3. 武术文化的"国际化"之路

从武术文化的国际化传播视角来讲，其"国际化"之路指实施中国武术文化的国际化推广。在此过程中，传播是武术文化国际化推广的有效手段之一。具体的武术传播是指在特定社会环境下，借助媒介完成武术文化信息的对外传递、共享以及互动的过程。武术文化的国际化传播指在国际环境下，中国武术文化利用特定媒介向世界各国完成中国武术文化信息的传播、共享。

国际一体化发展大背景下，中国武术文化的国际化传播不可避免地遇到众多阻力，这些阻力除来自中国武术文化自身外，更多的是受外界因素的影响。最具代表性的是，中西方文化差异导致其思维方式、文化表现形式以及文化衡量标准等众多方面都存在差异。不仅如此，对于武术术语的翻译难度也是非常大的，特别是武术中蕴含的中国文化，其传播路径明显不同于常规的大体育项目的传播路径。受众多因素影响，武术文化在国际化传播过程中出现了失真、过分突出竞技化、过分商业化等问题。最严重的问题是，武术文化在传播过程中，表现出组织管理水平欠佳、内部自我认同薄弱等问题。

综前所述，众多的内在与外在问题，导致中国武术文化在国际化传播过程中表现出状态混乱、效果欠佳等问题。事实上，武术文化的国际化传播的要点在于传播过程，包括传播内容、传播者、传播方式等。显然，这些问题都属于武术文化国际化传播的内部问题，所以在探究武术文化的"国际化"之路时，需要针对武术文化传播的内部问题提出对应策略。以下将其概括为六个策略。

---

[1] 马剑：《一种发展武术的准则秩序：基于中国武术段位制运行机制的比较解读》，《北京体育大学学报》2016年第5期。

（1）优化传播主体

武术文化的国际化传播，除了实现武术文化的传承与可持续发展外，更重要的是承载了社会效益、国家利益。其传播者除了承担中国武术文化的传承责任外，更肩负着武术技术国际化传播的重任。基于新时期视角，武术文化的国际化传播的传播模式必须是以政府为主导且多方参与的传播模式——由政府、民间组织、个人等共同参与，实现国际与国内联动的全新发展格局，将众多组织与个人的武术文化传播的效能充分发挥出来。

中国武术文化在其国际化发展过程中，受国际化进程影响，国际上的武馆如雨后春笋般涌现，但是因为其武术文化传播主体的良莠不齐，导致武术文化的国际化传播效果明显不同。传播主体是信息的发出者，即武术文化信息的发出者，所以武术文化在传播过程中，其从业门槛、行业规范性成为首要问题。传播主体的划分形式多样，可以按标准划分，也可以从类别划分。以后者为例，不同类别在武术文化的国际化传播担负的传播任务是不同的，可以划分为官方与非官方两个不同的传播者。无论传播过程由谁担负，在武术文化的国际化传播过程中，都要面对翻译问题。因为武术文化集中国文化于一体，包括哲学、医学以及道家、儒家思想等。例如武术文化中，仅"鲤鱼打挺"，其译法就多达5种。The carp jumps on water；kip up；neck spring；jump up from the lying position；take a carp's leap。再例如，太极拳中有一个非常经典的动作，名为"揽雀尾"，国际上对其的译法同样很多，grasp peacock's tail；grasp the bird's tail；grasp the sparrow's tail。[1]类似的武术用语还非常多，例如武术讲究的"天人合一""形神兼备"。在武术文化传播过程中，对其翻译不能仅从字面进行，需要结合中国文化，以此实现武术以及武术文化的精准传播。

武术文化的国际化传播可以发掘和利用民间传播主体（武术文化传承人），他们对于武术以及武术文化的理解更透彻——他们武术动作、技能过硬，在多年的练习过程中，深度参悟其中的文化内涵。当然，将民间武术文化的传承主体运用于中国武术文化的国际化传播中并非易事，主要是因为民间武术大师多隐居深山，加之他们多有固化的家族观念——传内不传外、传男不传女，多会抵触自身武术文化的外传。即便如此，我们可以相信，这些武术文化传承人的思想会随着武术文化传承与发展不断发生变化，最后肩负传承、弘扬中华武术文化的重任。

（2）明确传播内容

武术中蕴含了丰富的中国文化，是拥有自身特点的中华文化的子系统，在与其他众多子系统结合后，迸发出极具自身风采的武术文化。20世纪80年代，武术自成体系的

---

[1] 李凤芝、朱云、刘玉等：《对我国武术文化国际传播中归化与异化问题的研究》，《武汉体育学院学报》2015年第10期。

拳种已经有120余种，古兵器390余件。由此可见，武术拥有众多的体系流派。流派不同，其技法又大相径庭。中国武术集众多学术于一身，包括伦理学、医学、美学甚至是兵法，其中还蕴含了中国著名的儒家、道家等的哲学思想。正因如此，中国武术充满神秘感。

武术文化的国际化传播内容成为该课题的研究重点问题之一。如果缺失了系统、可行的传播内容，其传播效果可想而知。

无论是国内还是国外，武术文化极富美感的动作吸引了很多人。以太极拳为例，它动作、姿态优美且独特，引发人们驻足观看和模仿。所以，中国武术文化的国际化传播，可以尝试将其作为敲门砖，为其制定系统、可行的传播计划，实施层次清晰、阶段分明的武术文化传播。太极拳本身属于极具深度的武术文化，可以从理论、技术等多视角融入国际文化，让世界各国人民除了知道太极拳，更能接受太极拳，甚至可以了解太极拳中的杨式、吴式、孙式、陈式等。从理论视角出发，将不同派别的太极拳的发展、成长、内在文化都渗透在国际文化交流过程中，让更多的人认识、认可太极拳文化、中国武术文化。除此之外，在武术文化的发展过程中，延伸出了竞技武术。为了顺应国际化的发展需求，中国武术文化需要适当学习西方体育文化，发展自己的形象品牌，使其可以顺利踏上国际化发展道路，为中国武术文化的国际化发展铺平道路。

竞技武术已经被成功发展为中国武术的形象品牌，遗憾的是，其在后续发展过程中受到西方体育文化的影响，偏离了中国武术文化国际化发展的初衷。所以，武术文化的后续发展要引以为戒，将竞技武术作为武术众多子系统中的一个，在国际化传播过程中，切勿将高、难、新、美的动作要求作为最终的发展方向，更不能将其视为单一的竞技项目的国际推广，需要在其中融入多样化的技术风格的传统套路、技击等，有效避免过分竞技化问题的发生，避免武术文化传承失真问题的发生。例如，太极拳、竞技武术同属中国武术文化的传播内容，为了让世界人民对中国武术文化有更全面的认识，需要重视武术文化内在精神的国际化传播，将其精神实质、教育传递出去。

（3）有效的传播途径

中国武术文化的国际化传播过程，还应注意实施有效的传播途径。可以成立武术文化国际化传播的专业机构，对武术文化的内涵实施深度发掘，不断完善自身体系。中国武术文化的国际化播机构的重中之重是挖掘武术文化内涵。新时期背景下，中国武术文化的自身体系有待进一步健全。此时要想实现中国武术文化在国际范围内的有序传播，需要梳理中国武术文化内在的体系。认清武学史料在不同文化传播中的作用——武学史料是武术文化的语言载体，武术文化的国际化传播若缺失语言载体的辅助，则无法将武术的内在文化展现在世界人们面前。即使再多赛事、再多武术培训，都是形式层面的武术传播。武术文化的国内传播，除了重视武术技术的传播外，更要重视武术理论的传播的加强。武术文化在传承与可持续发展过程中，始终未放弃武术学术研究。其根本在于，任何方式都无法取代史料的文化影响力。所以，在武术文化传承和可持续发展过程中，要始终对武学史料不断完善。简言之，讲好名家故事，是中国武术文化国际传播的首要任务。只有文化体系完善了，国际传播机构才能发挥其作用，通过对武术文化资源的有效规划和管理，制定科学、可行、高效的武术文化的国际化传播方案。并在方案运行的过程中，要与武术国际传播网络建立关联，充分发挥国内外的多样化传媒机构的效能，突破地域空间限制，实施由内到外、由形式到内涵的武术文化的国际化传播。

（4）传播过程的阐释

武术文化的国际输出过程通常会因为国与国之间差异化的思维方式、文化理念、衡量标准，而出现对中国武术文化误读的问题。语言传播是最直接的文化传播方式，所以在中国武术文化的国际化传播过程中使用频率最高。但在进行语言文字的翻译过程中，通常会出现很难精准地传达出原来的含义和情感的问题。正因如此，武术文化输出过程中（翻译），多选择归化与异化的翻译策略。前者是指在翻译中将原文的陌生感淡化，通过透明、流畅的风格完成文字翻译；后者是指在翻译过程中打破目标语常规，某种程度上选择对原文异域性的充分保留。

武术文化专业用语中的动作规范的描述多会使用归化的翻译策略，这样做的目的是有效避免国外受众对武术技能误读和误解。例如，武术中的"滚桥"，如果对其进行直译，会将其译为"roll bridge"，那么此文化信息的传递会让受众感觉死板，部分受众不懂得将词与动作本身进行联系，学习起来难度更大，效率更低。如果使用归化的翻译策略，可以将"滚桥"译为"roll forearm"，那么国外受众会将其理解为"旋转前臂"。再例如，"足要随心踩步，步走奇正八方，歪步九宫，使对手迎之不见其首，随之不见其后"可以翻译为"He should progress and treat wisely, so that his opponent will never occupy a favorable position."[1] 由此不难看出，结合受众的文化方向展开的文化传播，更易于他们正确理解。当然，这里并不是说要过分迁就受众文化，而是说要选择最易于武术文化传播的翻译方式。简言之，选择更精准传达武术文化信息的翻译方式。例如，武术文化传播中涉及功法、器械、拳种等，在对其进行翻译时，应充分考虑自身的文化语境，以自身文化气质为基础进行武术文化信息的传递。在很多国外电影大片中，都能见到对"中国武术"的翻译，多是将其翻译为"Chinese Kungfu"。在我国的英语教程中，"武术"的英文是"martial art"，所以有人将武术翻译成 traditional combat exercises。"武术"的翻译众多，但是考虑到便于中国武术文化的推广、交流以及后续武术文化的规范化、科学化发展，国际武术联合会最后将"武术"译为"wu shu"，即中国武术的拼音。[2] 再例

---

[1] 肖礼华，杨金星：《功能翻译理论指导下的武术翻译》，《知识经济》2008 年第 2 期。
[2] 卢静：《论武术术语英译混乱对中华武术传播的不利影响》，《中华武术（研究）》2012 年第 2 期。

如，人们还经常将中国的很多拳种翻译为 Chang Quan；Nan Quan；Tai ji Quan 等，这些都是异化翻译的结果。

武术文化中涉及的术语数量是非常多的，所以仅凭借归化与异化的策略对武术文化进行翻译显然不够。那么，在归化、异化过程中，还可以尝试借助图注、括号加注等方式，更加直观、形象地传递武术文化信息，这样更易于受众理解和记忆。在新时期的背景下，科技飞速发展，信息化对外彰显着其时代特性，互联网成为当前传播信息最快、最便捷、最有效的平台，所以武术术语的翻译还可以尝试与互联网的专业服务机构达成合作，通过多种方式完成中国武术文化的国际化传播。例如，中国的经典武术影片《少林寺》在国内外传播后引发轰动，所以，武术影视作品在规范翻译后，可以实现效果极佳的信息国际化传播效果，使受众从视觉、情感上接受中国武术文化。

（5）精准定位传播对象

武术文化在信息传播过程中，还应精准定位传播对象，因为不同阶段的受众练习武术的目的是不同的，不同地区的受众对武术内容的选择也是不同的。基于此，在进行武术文化的国际化传播过程中，要结合受众的目的、地域背景、文化程度、年龄、文化特征以及个性心理特征进行区别对待，要结合不同需求的群体实施针对性强的武术文化信息供给。目前，武术文化的国际化传播的受众是海外华人、对中国武术文化有浓厚兴趣的国际友人，显然，这样的受众群体较小，与我国武术文化国际推广目标差距较大。所以，要努力扩大受众范围，充分考虑多样化人群的需求，例如，若受众为女性、儿童、老人，应尽量选择健身功能强、技术要求不高的内容。[1]

国外受众者接受外来的且差异性大的文化时，需要经历从初步了解到喜欢的过程，只有喜欢才有机会对其进行深入了解，然后接受该文化。显然此过程并非一蹴而就的，而是复杂且漫长的过程。所以，中国武术文化的国际化传播需要主动挖掘、拓展受众群体，激发他们的兴趣。基于受众市场视角来讲，需要有序对市场进行分层、分类。可以通过以下几种方式：①通过地理细分，梳理不同地区受众的文化特征、信仰爱好，最后弄清受众的差异性需求；②通过对受众年龄、性别、职业，甚至是收入情况进行细分；③通过对受众生活方式、兴趣偏好、个性等的了解进行细分；④通过受众对武术的了解、练习时间、练习情况，甚至是对武术的忠诚度进行细分。[2] 不仅如此，还要对受众国家的信仰有一定的了解。换言之，使中国武术这个外来文化的传播需要与受众的民族文化核心价值观一致，使受众愿意了解、感受、思考武术文化，即让其主动接受武术文化。

---

[1] 丁林涛，邢午：《竞技武术国际传播的理性思考》，《沈阳体育学院学报》2005 年第 1 期。
[2] 王林：《武术国际化传播的受众研究》，《首都体育学院学报》2008 年第 2 期。

（6）重视传播效果反馈

任何一种文化的国际化传播，除了要注重其传播过程，更应重视传播效果的反馈。某种程度上，传播效果可以反映出传播过程中的问题。只有发现问题，才能解决问题，才能有后续的高效的文化传播。

特别是文化的国际化传播，因为受众群体的分布在世界各地，所以他们自身的文化理念不同、思维方式有差异，甚至生活习惯都截然不同，因此，他们面对外来文化时的心理反应不同，做出的回应也不同。在整个文化传播过程中，当受众对外来信息是认同的，是自己需要的，那么他们会自主接受，反之则拒绝。即便如此，传播主体在文化传播过程中并不是无动于衷的，传播主体可以在文化传播初期结合受众群体所需，实施有针对性的文化传播，对受众群体做出文化认同的诱导。这也就是前文所讲的，需要对受众群体进行分类。如果对受众群体未做深入了解和类别细分，那么传播主体需要在文化传播过程中，对受众群体的心理反应进行判断和选择，选出更适合的方式、内容，尝试对受众群体展开引导，或结合受众群体做出的选择，调整自己的策略，实施有效引导。总之，只有了解受众群体的心理，才更易于获得理想的文化传播效果的反馈。

无论是从传播主体视角来讲，还是从受众群体视角来讲，文化在传播过程中最终需要对传播内容、传播途径进行调整，此过程始终循环于文化传播效果的反馈中。传播主体的传播目标之一是促进、加强受众群体对武术文化信息接受情况的反馈。如果有负向反馈，传播主体需要对受众群体进行更深层次的了解，找出问题的根源，然后调整传播手段，最终达到正向反馈。这种反馈机制还可以运用在国内外的武校、武馆的规范管理中，通过武校、武馆对社会效益、社会效果的调查，判定其传播效果，从而做出更适应其长期发展的策略。收集反馈信息的过程并不简单，反馈渠道的确定是难题，从受众群体中直接获得反馈的工作量巨大，工作周期长。所以，在新时期的背景下需要新思想，要充分发挥互联网效能，与有权威的国际网络机构合作，实施有效的武术文化的国际化传播。有关部门会在对其监管的过程中，进行受众反馈信息的收集，在对收集的信息进行整理、分析后形成完整、有效的反馈体系。

基于受众反馈信息的获取，直接决定了武术文化国际传播效果，所以相关部门需要重视该工作，确保其具有长期性、体系性、有效性。

三、武术文化的可持续发展路径

武术形成于人类历史发展的长河中，经历了时间的积累，逐渐发展为珍贵的非物质文化遗产。武术凭借其特有的文化内涵、武学理论，彰显了其文化的稳定性。由于整体社会环境不断变化,加之大众健身需求的日益增强,武术进入了普及程度停滞不前阶段。那么新时期如何实现武术的有效传承和可持续发展呢?重中之重是顺应国家全面健身的号召,提升武术的大众普及度、扩大武术的参与人数,在满足大众参与、大众健身需求的同时,坚定参与者的文化自信,并展开适时、适度的文化创新,有效传承武术文化,深度挖掘武术价值。

(一)建构武术文化传播体系,重塑其文化交流的时代意义

1. 强化"文化共情"效应

任何时候,传播都是人类社会生活中必不可少的活动之一。新时期背景下,武术的传承与武术的可持续发展都离不开文化的有效传播。中国武术文化讲究"大象无形,大音希声",由此凸显了武术文化的绝佳境界。武术中蕴含的丰富的文化,决定了武术文化的特殊传承方式——只可意会、不可言传。正因如此,仅凭借武术相关的影视作品、不同规格的武术表演,是无法真正体会到武术文化中的文化与韵味的。所以,对武术文化的系统传播显得尤为重要。要建立传播体系,让武术凭借文化与自身的资本,实现对时代意义的精准表达与接收,在强化民族文化自信的同时,避免出现全球化语境中的文化认同危机。

进入新时期以来,武术继续创新传播体系,目的是强化"文化共情"效应。效果佳的传播需要在探寻过程中找到人类共通的价值点、情感点,而武术文化内核的传播可以尝试在意象的构造过程中实现。多元媒介与人们日常生活高度融合,基于非物质文化遗产视角来讲,其表达、阐释均是在文化共情场域的互动过程中获得突破性创新的。显然,共情已经成为当代非遗传承的关键,通过对文化共情的不断探索,确保其整体性,可以实现习武共同体的内部凝聚力的加强。

基于跨文化传播视角来讲,美国的经典影视作品《泰坦尼克号》、中国的经典影视作品《霸王别姬》,两部作品均是讲述爱情故事的,前者是"爱情邮轮",后者是"人生戏台"。它们虽然刻画了不同的爱情姿态,但最终引起了不同文化背景观众的情感共鸣。同理,中国武术文化也需要建立适当的意象,以实现国际文化的有效传播。无论是"翩若惊鸿,婉若游龙"的意象,还是"玄奇峨眉派"的意象,都需要进行大众可接受的文化价值的传播。其重点在于对新时期受众文化心态的把控,触发隐藏在受众群体记忆中的文化情绪,达成与之记忆与情感的交织。

2. 优化传播方法与拓宽传播范围

武术文化在传承与可持续发展过程中需要对传播手段、方法不断革新。特别是新时期背景下,要充分发挥新媒体平台的效能,高效运用现代传播手段,实现对武术文化的

更深维度、更广维度的传播。例如在文化表演中融入占比较大的武术节目，在条件允许的情况下拍摄武术相关纪录片。这样做的目的在于最大限度地帮助大众还原武术文化的原始形态。最具代表性的是梅山武术、东安武术等。

新媒体崛起，为武术文化的传承拓宽了道路，例如，可以以武术为主体打造媒体运营号，通过抖音对外发布视频，提升武术文化的曝光率、讨论度。不仅如此，还可以组织优秀的武术文化传承人，制作文化意义突出的短视频。例如"智强武道馆"的抖音号拥有8.8万的点赞量，使湖南省武术非遗文化短时间内走红网络，让更多的人看到并关注了梅山武术。梅山武术传承人不仅广开拳馆，还在学校开展梅山武术活动，2024年还登上了新化县春晚。多样化的梅山武术的传播，在提升武术文化的人口基础的同时，更推动了梅山武术的有序传承。

武术文化的传承还可以尝试通过构建中国武术名家人才数据库的方式实现，创设"互联网＋武术"的文化传播新格局，频繁举办武术主题的文化活动与赛事，在潜移默化中培养大众的武德思想，不仅弘扬了中国武术文化，更实现了武术后备力量的培养。从常规的武术擂台，发展到网络直播，吸引更多的人关注武术，使武术逐渐从国内武术比赛发展到国际武术文化论坛，提升中国武术国际影响力，实现中国武术文化的国际化传播。

3. 发挥传播媒介的效能：实现武术符号的强化

无论是国内还是国际的传播，中国武术文化应注重多渠道融合的传播方式，打造浓郁的武术文化氛围。基于符号学视角来讲，不存在毫无意义的感知，所有涉及武术的感知都会对符号的形成产生影响，武术符号与大众周围世界的关系的首个模型体系就是感知。最有效的感知问题的方法就是打造文化氛围，推动大众意志，唤醒他们的文化记忆，将非遗从个人感知延展到群体感知。

第一，武术可以通过武术励志故事的方式，将武道精神展现出来，并实现对中华武术文化的弘扬，将其社会价值充分发挥出来，实现武术符号的无限衍义，使其具有语意场。

第二，武术从非物质文化逐渐转化为大众文化，此过程需要大众对其进行重新解读，了解其内在的文化价值。有效的方法是，建设武术展览馆、举办武术展会等，发挥文化传播平台的效能。在定期开展的武术文化宣讲中，丰富武术符号载体，借助网络、纸媒等多样化传播手段，完成对武术知识的普及，在传统媒介发展为数字化媒介过程中，使符号传播的渠道得到有效拓宽。久而久之的文化熏陶会使受众的文化遗产守护意识加强，从最初的不自知到自信，从而自觉地构建起自身非遗主体的观念。

（二）革新符号服务消费理念的同时升级发展模式

1. 凸显符号商品并获得更佳的消费体验

武术文化中的体育能量是非常值得评估的，其形成受到地域特殊性、人文文化的影响。以梅山武术为例，在对梅山武术实施文化保护、创新、发展过程中，除了要关注武术本身的观赏性外，还要将蕴含其中的地理文化、人文文化、哲学内涵展现出来。简言之，让梅山武术摆脱体育领域的束缚，以全新且符合现代生活方式的文化消费符号形式出现，实行双轨发展模式——以人为主体的较弱的可持续发展模式，以自然为主体的较强的可持续发展模式。

积极探索符合现代社会大众消费特点的武术经济发展模式，开辟并拓宽全新的消费市场。在此背景下，当消费者对某商品和其同类型的产品并没有直观的差异性感受的时候，商品的符号性意义就已经凸显出来了，并引导人们对其价值意义进行追逐。消费意识出现实物型消费向体验型消费的转变，人们在消费的过程中，实际上是在满足不同的需求，最具代表性的是参与的需求、社交的需求、休闲的需求等。简言之，价值差异成为新时期消费社会的本质，人们主要是通过符号消费使自身获取情感体验的，从而获得身份认同感。基于此，文化遗产除了要让大众对其有更多的了解外，还要激发大众体验武术的热情。武术可以通过文化消费符号的方式，对大众的品牌消费观念产生影响，最后形成"文化消费"的主流意识。届时，武术文化已经与文化体验、休闲购物等高度契合，这是非常有利于武术文化的可持续发展的。消费者已经成为武术文化持续发展的核心助推力，他们在情感消费过程中完成了文化输出。

2. 发挥多种融合发展模式的效能，实现武术文化的可持续发展

武术文化的可持续发展需要不断探索新的融合发展模式，例如，构建"体育+旅游"的经济发展模式，打造中国武术赛事IP。在保护当地自然资源过程中，不断扩展环境承载力，建立更多的经济圈。让区域武术可以充分依托于地标特性和特有的自然历史文化环境，发挥其参与式体验的特征，建立起武术运动产业链，由此推动体育旅游业的发展，带动整体上下游行业的发展。将武术与养生关联，再将养生与度假关联，发展其休闲旅游的产业之路。不仅如此，要尝试搭建高端的世界级别的武术交流平台，构建完整的武术产业体系，对其文化遗产价值进行深度挖掘，创造更高质量的武术经济效益与社会效益。

3. 借助现代读物，强化武术品牌形象

武术文化发展可以利用现代读物帮其拓宽发展之路，提升武术文化的社会认同度。简单地讲，要利用现代读物树立品牌形象。例如，当提到巴西时，多数人会想到足球。当提到武术，多数人会想到少林、武当，但很少有人会想到某个武术派别。根本原因在

于，中国武术尚未有大众认同的品牌形象。所以，中国武术文化在新时期的传承与可持续发展，需要继续打造中国武术 IP。例如，梅山武术的非遗影像纪实片《武韵梅山》，该影片在播出后反响非常好，梅山武术也因此小有名气，还有了北有少林、中有武当、南有梅山之说。梅山武术成功打造了自己的品牌形象。中国武术文化的国际化传播同样需要打造中国武术品牌形象，借助"互联网+中国武术"对自身品牌形象进行稳固、释放其国际张力。

第五章　武术文化在教育中传承、发展

中国武术除了属于中国文化外，更是具有代表性的中国传统体育项目，其中蕴含了中国传统文化理论，在内外兼修的同时，注重术道。中国武术植根于中国传统文化之沃土，其中蕴涵了丰富的中国文化与传统哲理，是具有极高传承与发展价值的中国传统体育项目、中国传统文化。本章基于教育视角，探究其在教育中的传承与可持续发展。

第一节　教育中发展武术文化的战略意义

一、武术文化进校园，为文化凝聚力的增强创造良好条件

随着现代化社会建设的不断深入，学校环境也在不断改变，呈逐渐开放发展的趋势。特别是高校阶段的教育，学生来自不同地区甚至是不同国家，还可能是不同民族。众多因素决定了他们的文化背景存在差异，但文化教育对他们的世界观、人生观、文化观会产生影响，因此表现出"同化"的特点。在武术教学中，教师可以以加强基本功练习为主，向学生传授拳术组合动作，突出武术特点。基于教学目的视角来讲，武术进入校园，成为教学内容的一部分，其目的除强身健体外，还会将德育教育贯穿其中，以武术中蕴含的中国文化为基础，展开文化教育、爱国教育、民族信心的教育、民族自豪感的教育。简言之，通过武术教育，可以对学生进行民族凝聚力的教育。学生在武术学习的过程中，会耳濡目染中国文化的魅力，身体力行地建立起民族凝聚力的观念，成为中国武术文化的传承人和推动中国武术持续发展的后备力量。

二、武术文化教学增强了文化凝聚力

从实质上来讲，将武术文化融入学校教育，是在开展民族传统体育文化的教育。加之中国武术文化的教育形式多是团体教育，对学生的体能、协调能力、速度等没有过多

要求，所以非常适合全体学生参与。学校在开展团体武术活动的过程中，最大限度地提升了学生武术文化活动的参与度。全体学生需要通力合作，跟上团体武术动作的节奏，因此集体观念、团结精神的教育是融入其中的。最重要的是，学生在武术参与中感受了中国文化的魅力、武术文化的哲学精神，这是非常有利于学生武术兴趣的激发、文化凝聚力的提升的。

三、武术文化蕴含丰富的思想价值

武术进校园，除了可以丰富教学内容，更能对学生进行"尚礼""恋土"的教育。以太极拳为例，该武术文化非常讲究"形不破体，力不尖出"，拳法注重"相生相克"，其战术思想以"以柔克刚"为核心。众多极具中国文化特点、思想的观念被贯穿于教育中。武术教学中，学生接受的是对目标淡化的教育，对竞争淡化的教育，这非常有利于学生关系的融洽。基于竞技武术视角来讲，武术教学更重视互动学习。因此，武术教学可以提升学生间的凝聚力，学生在学习中有机会对武术文化有更深入的理解，从某种程度上提升了其文化凝聚力。

武术文化属于传统体育项目，其自身拥有非常强的文化凝聚力，在有序传承和持续发展过程中，始终保持着完整的社会共同体。可以说，武术属于将民族凝聚力的提升作为己任的文化形式，在其长时间的发展过程中，经历了长期的民族之间的经济文化交流以及民族文化的融合，逐步形成了文化有机整体，在中国文化的国际化发展过程中，成为提升中华民族文化软实力的主要动力。

综上所述，武术文化进校园，除了进行体育教育外，更进行了文化教育、德育教育。在教育过程中，赋予学生民族自豪感、文化传承责任感，使其担负武术文化传承与可持续发展的重担。

第二节　教育中武术文化的发展探索

武术进校园，使武术文化得以在教育过程中实现有序传承，同时为武术文化培养了后备力量，为其可持续发展奠定了基础。基于此，武术教学现状、教学理论以及课程设置等，都与武术教学、武术的学校传承效果存在密切关联，所以非常有必要对当前的武术教育展开深度研究。

一、实施有效的武术文化教育：优化教学体系

（一）武术教学现状分析

1. 教学观念

武术作为校园教育，虽然未达到较高的普及率，但是其实施时间已经很久远了，最早可以追溯到民国时期。遗憾的是，武术文化的传承与持续发展效果甚微。其根本原因有两个：第一，武术进校园未能将其传统文化效能充分发挥出来，不仅如此，教学中的武术教学观念未能与时代体育教学观念达成一致。第二，武术的授课教师并非专业的武术教师，所以在教学过程中不免出现表层教学，仅实施了武术动作的教学，却忽略了对学生文化、德育、文化传承的教育。

武术教学中的突出问题有两个，部分教师的武术教学目标、后续教学方向不明。具体表现如下：

（1）武术作为教学内容，多是在体育类课程中实施的，因此教学中会出现对学生实施专业武术标准的教学，严重忽略了学生的发展规律，学生缺乏学习兴趣后容易产生抵触心理，由此导致武术教学受阻且教学效率不高。武术文化的校园传承自然会失效。

（2）部分教师虽以武术作为体育教学内容，但是在教学过程中过度放大其娱乐性，忽略了武术的实用性教学与文化教学。严重时会导致学生对武术文化的误读，自然会使武术文化的校园传承失效。

2. 教材

武术虽然多出现在体育课中，但是教材仍然是展开武术教学的重要依据。基于学生视角来讲，教材是学生掌握武术专业理论知识的载体。基于教师视角来讲，教材是教师确定武术教学内容、制定教学方法的依据。最重要的是，教材是教师与学生建立"教"与"学"关联的重要载体，所以教材的作用不容忽视。

以高校武术教学为例，多数高校的武术教材选择都存在以下三方面问题。

第一，教材缺乏统一性。当前高校武术教材的编写并没有统一指导，所以高校选择的教材明显不同，不同教学所呈现的教学内容也明显不同。最突出的问题是，教材缺乏规范性。众多问题导致高校武术教学质量受到影响，武术文化的校园传承与可持续发展受阻。不仅如此，还存在教材内容不严谨，其科学性、系统性、逻辑性有待提升的问题。学生学习过程中容易被叫教材误导，影响学生对武术专业知识的内化效果，某种程度上影响了武术教学目标的实现。

第二，武术教材质量有待提升。多数高校没有武术教材，或是使用自编的武术教材，甚至套用其他教育阶段的武术教材，便直接导致了相同教育阶段使用的武术教材版本繁

杂。简言之，武术教材缺乏统一性，教材质量有待提升。将质量欠佳的武术教材运用于武术教学中，既很难达到教学目标，也无法实现武术教学的武术文化传承。

第三，武术教材内容欠合理。多数高校使用的武术教材的内容多是重实践、轻理论，也未能将武术教学与其他教育相关联。特别是教材中的武术套路动作多是对简单套路动作的讲解，且是对单个动作的讲解，复杂的、完整的套路讲解非常少。这样的教材内容设计容易导致枯燥的教学过程，很难激发学生的学习兴趣。教师带着学生做武术动作，学生进行机械的模拟，很难掌握武术套路动作，久而久之，便失去了兴趣和学习信心。学生武术学习收获甚微的同时，更未能实现对武术文化的有序传承。

3. 教学内容

高校的武术教学多存在教学内容单一的问题，不仅如此，还明显存在重实践、轻理论的问题，显然这与中国武术文化的有序继承与可持续发展不符，更有悖于新时期体育多样化发展的大趋势。

首先，所有学科的教学内容均要与教学大纲的要求相符，武术在教学中同样属于学科。所以，武术教学大纲的制定应确保与相同教育阶段的武术教学内容一致。例如，初级武术套路动作的演练中多不会涉及攻防性的武术教学内容，加之武术多是以体育课程的形式展开教学，其教学占比少之又少，所以教学内容不系统、教学课时有限的问题，直接导致武术文化的校园传承与发展效果欠佳。即使武术教学中部分学生对武术表现出浓厚兴趣，但因为教学内容的设计欠合理，导致教学内容单一、乏味，很多学生也会因此抵触武术学习。综合前述的诸多问题，亟须对高校的武术教学内容进行调整和革新，融入创新和有利于武术文化传承与发展的教学内容，激发学生的学习兴趣，改变学生被动学习的现状。

其次，高校为让武术教学顺利展开，多进行重实践、轻理论的武术教学。但理论是实践的基础，实践是对理论的验证，失衡的实践教学与理论教学会导致学生无法实现闭环式教育，武术教学效果自然欠佳。所以，武术教学过程中，教师应展开理论、实践以及理论与实践相结合的教育，使学生通过武术学习，从对武术文化有概括性认识逐渐转变为系统认识，除了学习武术，更要了解蕴含其中的武术文化，真正领会武术精髓，感受武术文化的魅力，从而主动肩负起传承武术文化的重任。

高校武术教学除了要提升学生的身体素质，更要让学生感受武术文化，从而体会到武术的精神内涵，在实现武术文化的继承发展的同时，更要在武术教学中满足学生全面发展的要求。[1]

---

[1] 林森：《我国高校武术教育可持续发展研究》，华中师范大学硕士学位论文，2014年。

4. 教学法

高校武术教学始终沿用传统且单一的"填鸭式"教学，此教学方法未能与时代发展同步，其教学弊端显而易见。

"填鸭式"教学属于传统教学方法之一，以教师为教学主导，实施的是"给予性"教学，教师教什么，学生学什么。简言之，"填鸭式"教学是被动教学，整个教学过程中，学生始终处于被动地位，非常不利于学生主观能动性的发挥。不仅如此，整个教学过程枯燥，从始至终是教师对知识的宣讲，学生始终无法参与其中，学习效率低下。最重要的是，该教学法很难激发学生对武术学习的兴趣。缺乏兴趣的学习会使学生很难有学习收获，武术教学目的也很难实现。

基于新时期背景下，武术进校园需要教学与时代发展同步，实现教学、教师、学生三者的有机结合，将武术教学的多元化效能发挥出来。

5. 师资力量

高校武术教学多以体育课的形式展开，授课教师多为高校体育教师，他们多毕业于体育院校，仅有极少的教师是专业武术学校或体育院校专修武术专业毕业的。所以，体育教师展开的武术教学多以教学大纲为依据，实施知识面狭窄的教学，加之他们对武术文化的理解有限，导致后续的武术教学效果欠佳，这也是影响武术教学效果的重要因素。

6. 教学设施

目前，已经开设武术课程的高校都加大了武术教学的投资力度，校园武术传承人的数量逐渐增多。但是武术教学并非全部的体育教学内容，由此导致教学的时段性明显，很大程度上，我们可以将武术教学视为阶段性教学。也正因如此，部分学校对于武术教学的投入有限，因此出现了教学设施不完善的问题。武术教学器材数量有限，无法满足多班级同时开展武术课的需求。不仅如此，武术器材、设备年久受损，急需换新，明显阻碍了武术教学的顺利开展。设备问题还阻碍了武术赛事的准备，在影响武术人才筛选的同时，不利于武术文化的传承与发展。

综上所述，为了实现武术的高效教学，学校需要完善武术教学中的必需设施，为武术教学的高效开展创设有利条件。

（二）武术教学与教学发展的探索

1. 教学规律

武术成为校园教学内容，其教学表现出四个方面规律。

（1）技能形成规律

武术进入校园，成为教学内容的一部分，在进行技术动作授课时，需要让学生做到内外支配的统一。除了感受到外部运动感觉，还要受内部心理活动的支配，在两者的配合下，形成肌肉效应。学生参与武术学习时，获得运动感觉主要是依靠大脑皮层动觉细胞做出反应，这属于人的生理功能。简言之，运动的生理机能的实现需要以人脑皮质活动为基础，建立暂时性的神经联系。因此，武术技能学习需要学生身体和心理的投入，在生理和心理的双层影响下完成学习过程。

基于生理学、运动学视角来讲，武术技能的学习已经形成规律，多数学生需要经历三个学习阶段，具体如下：

第一阶段，武术技能的简要掌握。该阶段学生的学习重点是对武术技术动作的概念有正确认识。

第二阶段，武术技能的系统掌握与不断进步。在该阶段，学生通过阶段性学习，基本可以系统掌握武术技能，不仅如此，形成肌肉记忆可以使肌肉在基本路线上正确运行。

第三阶段，武术技能的巩固发展。在该阶段，学生要做到正确组合武术的多个动作，展开规律性的武术技能的训练，并不断取得进步。

（2）学习认知原理

武术技能学习过程中，重要的理论基础之一是认知心理学，其中包括"痕迹衰退说"。该理论认为，技能的学习和掌握，都要依靠人的记忆和知觉获取。显然，此观点重点强调了人的内部直觉在技能学习中的重要性。简言之，学习离不开人的心理活动，属于动觉表象。基于认知心理学视角来讲，可以对"反馈说"进行解释——武术技能的学习需要在人的反复练习中不断获得。此观点重点强调了人的外部动作在技能学习中的重要性，属于视觉表象。总之，学习和掌握武术技能，需要通过人脑完成外来信息的接受，并对其进行深层加工，最后向人的肌肉传达动作指令。所以学生在学习武术技能时，特别是完成高难度动作、复杂动作时，都能形成不同风格的武术技术动作。

（3）运动负荷规律

所有运动都会产生运动负荷。基于此，在具体实践中需要重点思考两个因素：运动量与运动强度。从字面意思对两个因素进行理解，前者指数量、次数；后者指速度、密度以及重复距离等。高校武术教学目标之一是促进学生的身心发展，该目的的实现需要学生达到一定数量的训练，即重复训练，最后正确掌握技术动作，使学生的身心在武术教学中得到发展。学生在反复训练过程中，身体需要承受一定的训练负荷，确保身体可以适应此训练负荷，并在适应训练负荷过程中不断提升自身对外的适应能力，此过程表现的正是训练负荷原理。基于此，高校武术教学中，教师要从多视角考虑训练负荷量，使训练负荷量达到最佳值，以促进教学目标的达成。

（4）武术技法学习

武术技法学习过程中，学生需要对其有较为全面的了解。从教学视角来讲，教师要在教学过程中注重教学反馈。教学反馈正是学生在学习中做出的反应，即学习问题。最重要的是，教师在针对这些教学问题展开分析，重新调整武术教学内容重点，合理分配武术技术动作教学课时，特别是具有普遍性的技术动作，应该将其确定为重点技术动作，实施理论讲解、动作的分解讲解以及动作的示范，让学生可以在武术技法学习中掌握动作和武术技术的精髓。这是非常有利于提升教学效率的，更有利于武术文化的校园传承。教学过程中，应重视规律教学、科学教学（教学方法），严格要求学生配合完成动作，即手法、步法、眼神、动作节奏、技术身法以及呼吸的配合，实现高质量教学。不仅如下，所有的技术动作需要反复训练，在武术理论、武术技法的学习中不断深化武术的文化教学，实现对武术文化的有序传承。

2. 教学原则与方法

（1）武术教学原则

实施武术教学过程中，应遵循六个教学原则。

第一，全面发展的武术教学原则。全面发展是武术教学过程中的首要原则，该原则的制定与武术特点有关。武术不仅能强身健体，还能修养身心，武术作为高校教学内容，需要实施全面发展的武术教学原则。

武术教学过程中，不仅要促进学生的身体健康，更要注重学生智力、情感、道德以及美的教育。基于此，教师在展开武术教学过程中，需要精准把握武术教学大纲，对学生实施多方面能力的培养。在武术学习过程中，使学生的身体和心灵都得到和谐发展。不仅如此，该原则始终贯穿于武术教学中，包括武术教学内容、武术教学任务、武术教学方法的选择等。

第二，尚武崇德的武术教学原则。武术的重要精神文化内涵是崇尚武德，"尚武"是指提倡并积极参与武术锻炼，"崇德"是指提升道德修养。所以，作为习武之人，首先要遵守的就是此原则。

武术教学过程中，教师除了要为学生讲授武术理论知识，还要讲授武术技能，将思想素质教育融入武术教学过程中。让学生在武术学习中对武术文化的精神内涵有更深入的理解。做到尊师重道，遵守社会公德，怀揣爱国之心。

第三，直观教学原则。无论是武术学习过程还是武术练习过程，都是通过外部动作、内部心理变化的共同作用实现的。所以，武术教学过程中，教师应优选直观性较强的教学法教学。

直观教学法与武术自身的特点有关。武术文化中包含众多拳种、动作套路和器械技术，所以教学过程中仅使用宣讲法实施教学是不够的。教师除了为学生讲述武术的理论知识，更要为学生进行武术动作示范。必要时，教师应进行宣讲与动作示范两种教学法的教学。学生可以直观地看到武术动作，再结合理论知识进行思考，这有利于学生理解和掌握武术技术动作。

复杂的武术动作教学过程中，因为学生很难理解教学中的武术动作，此时，教师会选择"言传身教"的方法展开教学。该教学法最大的特点是直观性强，更易于学生理解理论知识、模仿武术动作，融入自身对知识点的理解，反复练习动作，在理论与实践相结合的学习中，将众多武术动作关联起来，实施系统性的学习。

第四，突出武术风格的教学原则。武术教学过程中，还应遵循突出武术风格的教学原则。具体教学过程表现为两个方面：第一，武术与其他体育项目相比，武术的专项特点更突出。所以，教师应在教学中注意武术技术动作风格的体现，让学生明白武术与其他体育教学内容（体育项目）不同。第二，因为武术产生的区域不同，所以武术流派众多，武术技术动作表现出较大差异。在武术教学过程中，教师应区别讲述不同拳种、套路以及所使用的器械，并在互动教学中，让学生感受到不同派别武术的不同风格特征。武术风格主要是通过典型的武术技术动作体现出来的，长拳的武术风格特点是舒展大方、快速有力，太极拳的武术风格特点是缓慢柔和、外柔内含，南拳的武术风格特点是拳势刚劲、步伐稳固等。所以，教师在武术教学过程中，除了要为学生讲述不同流派的武术动作、技术特点外，更要规范展示武术的每一招、每一式。让学生在接受武术教学后，可以正确认识武术的多样化风格特征。

第五，内外兼修的武术教学原则。武术的显著特点之一是"修身养性"。"性"在这里指人的内心活动，包括神、意、心智，甚至人的气息运行。"身"在这里指人的外部表现，包括眼、手、口、腿、足的变化和配合。武术始终追求内外和谐统一，同时，内外和谐统一还是武术的哲学思想基础。

武术学习者只有熟练掌握武术组合、动作套路技法后，才可能在武术展示中做到"出神入化""心动形随"，这体现的是人的内外和谐统一。武术教学过程中，教师要展开多元化的教学，重点培养学生的内外和谐配合能力，使学生可以掌握武术技法，实现他们的全面发展。

第六，终身教育的教学原则。其他学科讲究终身教育，武术教学也是如此。首先，教师向学生传授丰富的武术理论知识、展开实践教学，会对于学生未来的运动意识、健身意识产生长远影响。其次，通过武术教学，激发学生的学习兴趣，引导其自主学习，对武术文化持续深入研究。在有效提升学生自主学习能力的同时，丰富学生的知识体系。

（2）武术教学方法

武术教学过程中会运用多样化的教学方法。结合武术教学特点，使用频率较高的教学法有两大类：语言教学法和直观教学法。这两类教学法还可以细分出更多的教学法，有效提升了武术教学效率。

1）语言教学法。语言教学法指的是教师通过语言指导的方式展开教学，在其中还会运用到四种方法。

第一，讲解法。武术教学过程中，讲解法是使用频率较高的教学法。具体的授课方式是，教师通过语言讲解武术动作要领、动作完成方法、动作规则与具体要求。需要特别说明的是，该方法适用于简单武术动作的教学。

讲解法的运用要点有五个。①授课前，教师应明确教学目标与教学内容，且应结合学生身心发展特点完成目标与内容的制定。②讲解内容要精准。无论是武术的基本知识还是武术的竞技规则，都要做到精准无误，切勿加入个人感情色彩，对规则任意篡改。③授课过程中要做到语言生动、具体、重点突出，便于学生理解和正确领会动作要点。④知识点之间要关联密切，整个教学过程由浅入深、连贯性强。切勿将武术理论知识与武术实践分开讲解，使学生的学习过程真正做到理论指导实践，并在练习中验证理论知识。⑤教学过程要生动有趣，有效激发学生的武术学习兴趣。

第二，口头评价法。语言教学过程中还会用到口头评价法。该方法通常被运用在部分武术教学、阶段武术教学结束后。简言之，这是教师对学生学习情况的点评——完成动作情况、课堂表现情况的评价，让学生可以认清自己的不足与长处。

武术教学过程中，口头评价分为两种：积极评价与消极评价。前者指对学生完成动作情况、课堂表现情况的正面鼓励，这样的评价有利于学生学习兴趣，学习积极性的激发。后者主要是对学生的问题、不足的指出，帮助学生及时纠错。无论是积极评价还是消极评价，教师应注意自己的语言艺术，使口头评价法可以在武术教学中发挥其效能。

第三，口头汇报法。口头汇报法的运用主体是学生。学生也结合教学任务，向教师反馈自己的学习情况，可以是学习心得，也可以是学习中遇到的问题。武术教学过程中运用口头汇报法，除了可以拉近教师和学生之间的关系，更有利于武术教学质量的提升。

第四，口令、指示法。武术教学过程中，因为武术动作非常讲究规范性、准确性，所以教师会在教学中频频用到口令、指示法。无论是指示还是口令，其特点都是简短而有力，既能便于学生精准做出反应，又能帮助教师发现学生武术学习中的问题。

2）直观教学法。直观教学法同样是武术教学过程中使用频率较高的教学方法。其最大的特点是直观性强，可以将知识直接传递到人的感觉器官，从而让人获得动作感知。这是武术教学中常用的教学法，可以将其细分为以下六种：

第一，动作示范法。动作示范法主要是教师在讲授武术技术动作时，为学生进行武术技术的演示——动作走向、线路以及动作要领的演示。动作示范者可以是教师也可以是教师选出的代表。动作示范法运用过程中应注意四个要点。①目的明确，在进行多个动作教学时，做到示范要点突出，单一动作可以做得快一些，套路动作可以做得慢一些。如果动作难度较高，可以尝试多视角为学生示范。②高精准性的动作示范。武术动作示范过程中，要做到正确无误。错误的动作示范在教学中是非常严重的，会使学生无法掌握武术动作精髓的同时，武术文化的校园传承也处于失效状态。③选择最佳的示范位置，充分考虑到每一位学生，让学生在示范教学中都能有所收获。④结合教学需要，教师可以将语言教学法与动作示范法关联运用，也可以先进行语言教学，再进行动作示范。教学方法的运用应结合教学需求而定。

第二，多媒体教学法。科学技术快速发展过程中，推动了教学法的快速发展，多媒体教学法应运而生。武术教学中常用到多媒体教学，常用设备有投影、电影、电视、录像或专业的多媒体设备，为教师的教学提供了极大便利。教师可以结合教学内容与教学目标，制定多媒体课件，有效提升了武术教学效率。

第三，助力与阻力教学法。武术教学过程中，教师还可以借助外界力量展开教学。教学过程中结合学生的学习状态，为学生制造助力和阻力，从而有效地引导学生进入最佳学习状态。不仅如此，教师还可以结合教学内容，利用辅助器材调整学生练习武术过程中的用力大小、训练要点等，实施针对性强的教学。

第四，完整教学法。完整教学法非常适合运用于武术动作教学中。因为武术动作多为从头到尾的动作衔接，特别是在武术动作无法分解时，此教学法的运用显得非常高效。不仅如此，在首次示范动作时，教师通常都会运用到完整教学法。

第五，分解教学法。分解教学法与前述的完整教学法相反，指将武术动作进行合理分解，实施部分或段落动作的教学，该教学过程是武术动作的逐一讲授，最后进行完整地动作技术的教学的教学方法。分解教学法的运用有其前提条件，教师需要正确把握完整的动作概念，然后进行动作分解，这样的分解教学法才是有意义的，最后逐渐向完整教学法转化。

第六，预防与纠错教学法。所有学科的教学中都会出现学生有个别知识点无法掌握的情况，武术教学也是如此。学生通过学习，表现出对某个武术动作掌握的不准确。面对此问题，教师需要正确对待，要客观的指出学生的问题，切勿将错误放大或对学生进行严厉批评。教师首先要指出学生的长处，然后引导学生发现自己的问题，再对学生的问题进行有效的引导与纠正。武术教学过程中，教师除了要密切关注学生的学习进度，还要及时指出学生的问题，帮助学生正确掌握武术动作要领，在武术教学中有所收获。

3. 武术教学与教学步骤

武术教学包括武术课堂教学、武术套路教学、武术攻防技术教学。

（1）武术课堂教学

教师先为学生讲解武术理论知识，再为学生进行技术动作示范，然后选出学生代表，进入技术动作领做的学习环节，最后结合学生的学习情况，对学生进行技术动作的指导。

1）武术理论知识的讲解。任何学科的学习都包括理论知识的教学和实践教学两部分。理论结合实际更利于学生理解和掌握武术知识。

理论知识教学过程中，教师重点讲述武术动作、武术术语、技术要领、技术特点、力学解剖原理等，必要时为学生讲述武术文化相关典故，介绍武术大师以增加理论知识教学的趣味性。

2）技术动作示范。武术教学过程中，教师不免要为学生进行技术动作的示范，其要点是态度端正、动作规范，向学生传递传统武术动作的艺术美感。特别是具有难度的技术动作，教师要有足够的耐心进行动作示范，包括不同角度的动作示范、分解动作示范、完整的动作示范等，帮助学生正确掌握武术技能动作，领悟武术的精髓。

3）技术动作领做。武术教学过程中，同样可以融入互动教学。教师可以选取学生中的代表，展开领做训练。当然，技术动作领作者应做到动作方向、位置准确，为全体学生树立技术动作标杆，激发学生的比拼精神。在有效激发学生技术动作练习积极性的同时，提升教学效率。

4）指挥学生练习。经过阶段性学习，多数学生基本掌握武术技术后，教学进入下一环节——指导练习阶段。此阶段的教学中，教师要一边念口令，一边细致观察学生的技术动作是否正确、规范。对出现问题的学生进行正确技术动作的指导。直到学生可以正确掌握技术动作为止，为学生后续的系统学习奠定基础。

（2）武术套路教学

在武术套路教学前，要确保学生武术的基础动作正确，基本功扎实。

1）基本动作学习。武术基本动作的学习至关重要，会直接关系到学生是否可以掌握精湛的武术技能。所以教师需要格外重视基础动作的教学，后续的武术组合动作、武术套路动作、攻防技能等都是以这部分的教学为基础的。

2）基本功练习。所谓基本功，指学生参加武术学习所必须要达到的专项身体素质。该阶段的学习与训练对学生后续难度教学具有重要意义。

3）组合动作学习。组合动作同样属于武术技能学习中的重点部分，直接关系到学生是否能够系统、完整地掌握武术套路技能。特别是武术组合动作中，包含众多身体部分的组合动作——手法组合、腿法组合、腰法组合、步伐组合以及跳跃组合等。所以，是否夯实组合动作基础直接关系到学生后续的武术学习效率。

4）套路学习。套路学习是以组合动作为基础的，所以套路学习也会对学生未来的武术学习产生影响，例如攻防学习。

综上所述，武术学习需要夯实基础性学习。基于教师视角来讲，教学过程中要不断创新，在以传统武术技术动作为基础、有序继承的同时，大胆创新，让学生接受与时代发展同步的竞技武术，掌握武术的竞技与攻防的高难度动作，吸引学生主动参与到武术学习中来，并展开探究性、创新性学习，实现武术文化的校园传承与可持续发展。

（3）攻防技术教学

攻防技术属于武术教学中的重难点内容。攻防技术设计踢、打、拿等动作，动作目的是通过击败对手来保护自己的活动。所以，武术攻防技术的特征鲜明——技击性强、对抗性强。

1）攻防基本动作学习。攻防技术内容较多，教学中可以将其分类展开——步法、手法、腿法、摔法、拿法的基础动作。

2）基本素质练习。学生在武术学习中，要想掌握武术技能与技法，需要有过硬的身体素质，所以基本素质的教学与练习既是重点，也是学生后续技术技能学习的基础。

3）攻防技术组合学习。攻防技术组合学习阶段，对学生的身体素质有一定的要求。要求学生身体素质过硬、身体协调性佳，因为该阶段的学习涉及较多的动作组合，例如上肢、下肢、上下肢的动作组合以及打挥、踢拿的动作组合等。因此学生的动作灵活、合理是参加攻防技术组合学习的基础。

4）攻防战术学习。学生完成了武术基础动作、技术组合动作的学习后，会进入武术对抗学习阶段，即攻防战术学习阶段。该阶段的学习内容包括主动强攻战术、迂回强攻战术、防守反击战术、虚实结合战术、引进落空战术、后发先至等战术。基于教师教学视角来讲，其要点是突出实战的重要性，教学过程中插入评价教学法，对学生的学习情况进行点评，可以使学生及时发现自己的问题和优势，使其在实战学习中掌握攻防战术的窍门、表现得更加出色。

5）模拟实战练习。模拟实战练习是武术教学中的重要环节。实战可以有效提升学生运用攻防性技术的能力，所以在教学过程中，教师可以安排实力相当的学生进行实战练习。例如，武术步法移动练习、活动靶练习等，提升学生运用攻方性技术的能力，透彻领悟武术文化的精髓。

6）实战练习。实战练习也是武术教学中必不可少的教学环节。该环节的教学主要是考查学生运用攻防技术的能力。该教学要点有四个。第一，选择能力相当的学生展开实战练习。第二，实战的对抗时间恰当，科学把控实战时间，避免长时间、大负荷运动的受伤。第三，实战过程中，确保学生安全。第四，实战结束后，教师要及时做出实战评价，并给出必要的指导。

4. 教学发展策略

武术进校园并成为教学内容，已经实现了武术校园传承与可持续发展的第一步，后续需要对武术教学发展策略展开深入探究。

（1）国家政策扶持

武术相较于其他体育项目，在学校的发展和普及相对明显处于劣势，所以武术教学的校园发展需要大环境的支持——国家扶持、多方支持、较大投资力度。

（2）调整武术教学目标

武术进校园，通常以体育教学内容的形式出现，再或是以武术专业的课程形式出现，所以其教学目标过于局限。前者是强体健心，融入思政教育；后者则过分重视学生的武术竞技水平的提升教育。所以，武术教学目标亟须调整，应在注重学生基础运动能力培养、身心协调发展的同时，展开系统的武术文化教育、与时俱进的竞技武术的教育、武术文化传承与可持续发展的教育。

（3）合理选择教学方法

武术教学过程中，精准掌握武术动作是通过反复动作练习实现的。但是重复的练习是枯燥且疲劳的，学生需要克服身体和心理上的双重困难。所以，教师在教学过程中需要灵活运用教学法、游戏教学法，在融入武术文化教育，丰富教学内容的同时，增强教学与练习的趣味性，维系学生武术学习兴趣，引导学生展开自主学习和探究性学习，以实现高质量的武术教学。

（三）武术课程内容与课程发展

1. 武术课程内容

武术课程内容除了符合教学规定、学校教学特色外，还要充分考虑学生的身心发展特点。武术课程内容的设定要点有五个方面。

第一，武术课程的教学目标。对武术课程教学目标产生直接影响因素的是武术教学内容。教学过程中武术教学内容表现为实现教学目标的手段。

第二，学生的生长发育规律。由于学生存在个体差异，学生对知识的认知水平、接受水平不同，加之学生的生理与心理同样存在差异，所以在武术教学中，学生表现出相互影响、相互制约、相互助推的作用。教师要结合学生的个性差异，实施分层教学，使所有学生在武术学习中都能有所收获。不仅如此，武术教学内容的择选与课程设置同样需要考虑学生的个体差异。教学过程只有符合学生的身心发展规律，才能被有效实现，才能将学生培养成高素质、高水平的武术人才。

第三，学生的身体机能适应规律。学生作为生命体，其自身发展也是有阶段性、规律性的，所以，在展开体育教学活动时，需要尊重其客观规律。武术教学也是如此，要尊重客观发展规律，若教学中的运动量超出学生身体机能的最大负荷量，便会对学生身体造成伤害。

第四，学生的身心发展需要。学生是教学的主体，武术教学也是如此。教学目标之一是促进学生身心健康的和谐发展。所以在选择武术教学内容时，需要充分考虑学生的学习需求，尊重学生的身体机能规律、身心发展规律，选择适宜的武术教学内容，实施有效的教学过程。

第五，社会发展的需要。武术教学同样需要与时俱进，教学中除向学生传授传统武术理论知识外，更要将武术文化发展的最新动态融入教学，例如竞技武术教学。不仅如此，还应注重学生适应能力的培养，提升其社会适应性。所以在选择教学内容时，应尽量丰富武术教学的知识体系，实施文化、思想道德等教育。

2. 课程发展

武术课程教学内容并非一成不变，而是需要与时俱进的。简言之，武术课程需要创新和不断发展。

（1）丰富武术课程类型、完善选课制度

当前开展武术课程的学校多存在教学形式单一的问题，所以在开展课程前，学校应结合自身的特点，制定更适合学校未来发展的教学模式。

以高校武术教学为例，除将其作为体育教学内容外，还可将武术教学设置为学生的必修课。通过武术教学，对学生展开武术教育、文化传承教育、爱国教育等。基于武术课程设置视角来讲，课程的设置需要充分考虑学生的学习偏好，在丰富课堂教学内容、教学模式的同时，将武术教学延伸到校外，例如积极参加校外武术主题活动、社会武术文化活动等。帮助学生树立终身体育（武术）的意识，可以实现教学高效的武术教学过程、武术文化的有序传承，在某种程度上更是推动了武术文化的可持续发展。

（2）完善武术专业教材、拓展课程内容

武术文化集多种学科于一身，包括哲学、医学、运动学、美学等，加之武术还属于体育运动项目，所以非常适合作为体育教学内容。结合高校武术教学展开分析，高校武术教学普遍存在教材问题、课程内容问题。为了提升高校武术教学的质量，实现武术的校园文化传承，非常有必要完善武术专业教材、拓展课程内容。很多高校的武术课程内容过于单一，存在重实践，轻理论的问题。教师在教学中过分重视对武术动作套路演练的学习，直接导致表层的武术教学——学生对于武术的认知不全面，没有认识到武术的文化属性。课程内容的有限直接导致武术教学质量欠佳，武术文化的校园传承失效。

（3）加强武术资源建设、重视课程评价

武术教学过程中，无论是教师还是学生，都是武术教学的主体。加之教学改革的具体要求——展开以学生为主体的教学，所以教师要充分考虑学生个体差异、学习兴趣、学习需求，制定教学方案，将学生在教学中的主体地位凸显出来。基于教学资源视角来讲，需要不断提升教学者的综合素养、完善武术教学必修的教学设备、设施。例如，完善武术教学所需的基础设施、场地，助力武术教学的顺利开展。武术教学中还应充分重视课程评价，包括课前的课程评价，课中的课程评价，课后的课程评价。

课前的课程评价。结合学生的学习需求、武术知识掌握情况，反复推敲课程的合理性和有效性，实施有效的课前课程评价。例如，实施多元化的武术教学，将武术文化教学、德育教育、人本主义关怀融入其中。

课中的课程评价。武术教学过程中，结合学生对武术知识点的理解情况、学习反馈，对武术课程做出客观评价，必要时进行课程内容的调整，实现对武术课程的持续优化。

课后的课程评价。可以将其理解为阶段性武术教学质量的评价。结合评价结果，找出问题、分析问题、处理问题，为武术课程的不断优化奠定基础。

（4）实施课内外的武术教学

虽然武术已经成功成为校园教学内容之一，但是该教学内容展开的不够深入。多数学校仅将武术作为体育教学内容，课时有限，无法满足学生武术系统学习的需求。所以学校可以尝试让武术教学走出校园，延伸到课后，如展开课外武术教学活动——武术社团、武术体育特长班，对学生实施系统的武术教学。

二、加强武术训练并构建竞赛体系

基于总体视角来讲，武术教育的发展前景很好，但是仍然受到武术训练、竞赛体系的制约。所以，在武术教学过程中应充分考虑专业武术人才的培养，加强武术训练，完善竞赛体系。

（一）当前的传统武术训练与竞赛

中国传统武术文化发展过程中，虽然武术训练、竞赛体系建设已经初见成效，但是仍然存在有待完善的地方。同时这些问题成了制约武术文化有序继承和可持续发展因素。以下，针对武术训练、竞赛现状展开分析。

1. 参与人数持续增加

随着体教融合不断深化，近年来，武术在全国多地的学校中落地生根。多地学校积极参与到武术进校园试点工作中来，将武术运动作为深化体教融合、引领学校体育改革的突破口。武术进校园试点工作充分发挥了武术项目所特有的文化与教育功能，使青少年在武术运动中享受乐趣、增强体质、健全人格、锤炼意志。

2023 年 8 月，河南周口扶沟县实验小学展开了助力"双减"政策落地，推动素质教育开展——武术进校园的活动，并将其融入体育课堂、校级社团，形成"1+1"模式——一周安排一节武术课，一周开展一次社团活动。武术进校园，对助力'双减'政策落地、推动学校开展素质教育、传承中国武术的经典、增强学生体质健康起到了促进作用。

2023 年 9 月，肥东县长临河学校中心小学将武术（牛门洪拳）教学编入体育科目，还编排了武术体操，组织学生集体学习和练习武术。这一举措加强了武术非遗文化的有效保护和有序传承，为武术非遗文化搭建了对外展示的舞台，让更多人可以近距离感受中华传统文化的魅力，吸引更多的人关注武术文化、学习武术文化。

2023 年 9 月，广东省举办了青少年体育冬夏令营武术项目进校园活动，包括东莞市清溪镇第二小学、佛山市顺德区勒流冲鹤小学、深圳市福田区天健小学、深圳市罗湖区金湖幼儿园、鹤山市沙坪街道第一小学、广州市黄埔区凤凰湖幼儿园、东莞市企石镇中心小学、韶关市浈江区建国幼儿园、韶关市浈江区东鹏幼儿园、佛山市三水区大塘镇永平小学等 10 所中小学和幼儿园。由此掀起了武术文化学习热潮，有效弘扬了中国武术文化，增强了学生的武术技巧，促进青少年体育与学生全面发展，取得了良好的社会效应。

武术被确定为云南省中考项目之一，有力推动了武术在校园中的发展。不仅如此，云南的武术校园的推广力度非常之大，在各试点学校开展了武术长拳、南拳、武术操等项目进校园活动，每个学校签订目标责任书，每年还要接受年检，确保武术进校园落在实处。不仅如此，在"学会、勤练"之后，还要求"常赛"，为学生提供丰富的武术文化交流、展示平台，打造分站赛、学校联赛等武术竞赛体系，学生在众多武术比赛中意志品质得到锤炼，尚武进取精神得以养成。

综上所述，各地积极展开武术进校园活动，武术的参与人数持续增加。由此可见，中国武术正在爆发出永久的生命力，必将成长为世界璀璨文化中的耀眼明珠。

2. 赛事火热开展

基于教育视角来讲，国家对武术文化的重视程度日益加强，青少年武术主题比赛、武术竞赛活动开展得如火如荼。2023 年 12 月 30 日，"奔跑吧·少年"暨 2023 年"黔武决"贵州省青少年武术散打俱乐部联赛在贵阳市云岩区万达广场正式开赛。这是一场省级青少年武术赛事，联赛吸引了来自全省各地的 609 名武术爱好者参与。竞赛分为幼儿组、儿童组、少儿 A 组、少儿 B 组、少年组和青年组六个组别。比赛中，选手们在赛场上展现了武术文化的独特魅力。2024 年 1 月 24 日至 29 日，2024 年云南省青少年武术套路冠军赛暨云南省第二届青少年（学生）运动会武术套路预赛举办。参与此活动的裁判员、运动员、教练员多达 500 余人。众多武术活动、武术竞赛助推了武术文化的有序传承，让更多的人关注武术、喜爱武术、参与武术，更参与到推动武术文化的可持续发展中来。

3. 武术人才培养体系有待完善

尽管武术文化在中国广受大众喜爱，但是有关武术的竞技人才的培养模式存在诸多不足之处，具体表现在两方面：第一，中国专业武术训练人才匮乏；第二，专业人才体系的构建有待完善，特别是教育中的武术文化发展。武术人才培养体系的完善成为亟待处理的问题。

当前我国武术人才的培养与输出多是依靠体育院校武术专业完成武术人才培养和专业武术人才输出。显然，人才培养方式过于单一、路径过于狭窄。加之武术人才培养管理体系尚不健全，明显缺乏系统性，特别是教育中的武术文化发展。

第一，武术训练的后备力量薄弱，专业武术教师可谓凤毛麟角，使用的教材过于随意，缺乏统一性，这是非常不利于武术人才培养，同时也是武术人才培养体系有待完善的直接表现。

第二，高校武术教学、武术训练多是以强身健体为目的，基本脱离了武术的人才培养模式，直接导致武术教学中使用的教学方法落后，专业武术人才培养效果欠佳。

第三，基于专业武术人才培养视角来讲，多数高校并没有专业的武术训练基地，专业的武术教学设备也相对短缺，显然不能为武术人才培养体系的建立提供物质保障。

4. 套路竞赛规则可操作性有待提升

武术文化经历了长时间的发展，虽然基本完善了武术套路竞赛规则，并取得了长足的进步，但是基于新时代背景，尚不能满足世界体育竞技的多样化专业人才需求。所以武术套路竞赛规则需要不断创新、持续改革。虽然当前武术套路竞赛规则、评价体系已经表现出多样化发展趋势，但其对操作性的重视还很不够。例如，武术教学中的普通武术教师或武术教练尚存在对武术竞赛规则认知程度不高的问题。所以应提升武术教师、教练的专业素养，对高校的武术任教教师、教练进行严格的筛选、培训、考核，使他们具备武术教学从业资格。任职教师还应熟悉武术的竞赛规则，以实现精准教学，例如难度动作的认定、线路方向的认定等。

（二）建设武术训练体系

在探讨武术训练体系建立前，非常有必要先对武术训练体系相关的理论展开论述。

1. 武术训练体系的相关理论

（1）武术训练的原理

武术训练过程中涉及五个原理。

第一，生长发育规律。所有身心发展是有其特定规律的，此规律客观存在且不可违背。具体来讲，人的发展规律有其特有性质，包括阶段性、顺序性、不平衡性以及差异性。所以在武术训练过程中，教师需要充分尊重学生的发展规律。学生的生长发育过程属于连续的过程、不断完善的过程，所以在其成长到某个年龄阶段时，他的身体的各个部分的发展不一定是同步的。学生的个体差异直接决定了他们存在身体发展速度快慢的差异，所以在武术教学过程中，教师要充分考虑不平衡发展阶段，精准抓住学生的关键期，对学生展开最适宜的武术训练，实现武术教学效能的最大化。

第二，新陈代谢原理。人属于生命有机体，其生长过程中会存在新陈代谢。在武术教学、武术训练中，教师要重点掌握新陈代谢原理，以实现最佳的教学指导，使学生的武术学习、武术训练更科学、更高效。学生在反复的武术训练中，其体内的物质、能量代谢速度也会不断增加，消耗更多能量。若教师忽略新陈代谢原理，过分追求有强度的武术训练，会导致学生能量的不必要消耗。所以，在武术训练中，教师要确保科学训练，科学运用新陈代谢原理，确保学生在武术学习和训练时有充沛的体力，实现较好的教学过程，取得良好的比赛效果。

第三，机体适应理论。武术教学过程中，反复进行武术训练会刺激学生各器官系统的一系列生理负荷，在此过程中，会对学生形态结构、生理功能、生物化学等多方面产生众多积极作用的适应性变化，由此完成运动过程。机体适应能力属于生理本能，对于身体健康的学生来讲，他们的机体是有一定适应能力的。武术教学中，通过增加负荷的方式给予学生适当的刺激，不仅有利于学生适应能力的提升，还有利于学生身体素质的提升、素质水平的提升、运动能力的提高。对此过程可以利用六个字进行概括：刺激—反应—适应。武术教学中的武术训练需要对学生的生理和心理进行反复刺激，以实现学生适应能力的不断提升，这也是提升学生技能与心理素质的有效方法。

第四，身心互制原理。有机体得以生存的重要保障是身体和心理的和谐统一。对此，西方哲学家这样解释："身体是心灵和躯体的结合点"。人们重视健康的当下，健康的定义正在发生改变，从原来专指身体的健康转变为追求身体与心理的双重健康。可以从《养生大观》中了解到，古代先人对"身""心"两者关系的最早解释是"善养生者养内，不善养生者养外。"该解释为武术训练中的遵循身心互制原理的运用提供了依据。

武术文化始终讲究身心的和谐统一，所以在武术教学、武术训练过程中，武术套路的训练、武术技法训练和对学生武德的培养都应该注重身心的和谐统一，这也是对身心互制原理的运用。只有教师将"身""心"教育有机结合，才能使武术训练者真正感受到武术的精髓，将自己真正的武术水平发挥出来。

第五，超量恢复原理。该原理还被称为"超量代偿"，指训练者在运动结束进入休息过程时的能量物质消耗与恢复阶段。

武术教学、武术训练中，教师可以利用超量恢复原理，将教学中的武术训练分为几个阶段：运动过程中各器官系统工作能力处于下降阶段、运动后工作能力处于复原阶段以及工作能力处于超量恢复阶段。学生在武术训练过程中的体质增强和武术技术水平提升，都是形成于前述的三个阶段中。简言之，学生的疲劳程度、运动强度的大小、营养供给等诸多因素，都会不同程度地影响超量恢复情况。

（2）武术训练的原则

教学中展开武术训练时，教师需要遵循特定原则，以实现学生武术训练水平的提升，获得最佳的教学效果。基于武术训练原则视角来讲，可以从基础原则、具体原则两个方面展开论述。

第一，武术训练的基本原则有六个。①全面性原则。全面性原则是武术训练中至关重要的原则，同时还是首要原则，具体表现在人体构成方面。人体是由众多器官、组织以及系统构成，且各个系统之间存在相互联系，同时还彼此影响着。武术训练过程中，要充分利用身体各部分共同作用的力量，将武术的美表现出来。此时还需要遵循全面性原则，有效规避人体失衡、不协调问题的发生。从当前武术训练的具体情况来看，全面性原则属于重要原则之一，该原则需要在科学、合理的指导下使用，以实现其作用的充分发挥。②经常性原则。经常性原则是指学生在武术教学中需要反复训练，夯实技术动作、避免遗忘。经常性原则的理论依据是达尔文提出的"用进废退"。在武术训练教学中，学生需要目的明确地展开训练，遵循经常性原则，达成学习目的——夯实武术技能技法，提升自己的武术技能水平。③循序渐进原则。该原则与人的身心发展规律之间存在紧密关联。年龄段不同，人的器官的发展水平也不同，所以，教师要遵循不同年龄段学生的发展规律，展开由简到难、由低级到高级的反复性训练，以获取理想的训练效果，为后续的武术学习、武术训练奠定基础。④积极自觉原则。该原则是针对学生提出的，会直接影响学生的武术学习效果。遵循积极自觉原则是学生展开科学训练的基础，该原则的实施要点有三个。第一，学生要想获得良好的训练效果，一定要付出一定量的时间、精力用于武术的反复练习，这就要求学生具备自觉、积极的学习态度；第二，武术训练过程是枯燥且乏味的，学生要想获得优异成绩，需要不断在武术训练中克服困难，坚持到底；第三，学生除了提升自身的武术训练水平外，还要对武术训练有系统的认识，包括对武术功能的认知、价值的认知以及科学训练方法的认知，自觉地参与到武术训练中去。⑤区别对待原则。该原则是针对教师提出的，因为武术具有大众参与的特性，所以适合所有学生参与。虽然是相同学习阶段的学生，但是学生之间仍然存在众多差异，包括性别差异、健康差异、体能差异、知识理解能力的差异。这就要求教师结合学生的实际情况，实施区别对待的教学，具体表现在教学内容的区别对待，如分层教学；教学方法与手段的区别对待，如丰富教学方法以手段，便于学生接受知识。⑥科学负荷原则。学生在武术训练中会承受一定的运动负荷，但并不是运动负荷越大越好，而是需要适当。运动负荷过大或过小都会影响学生的武术训练效果，甚至对他们的身体健康造成影响。所以需要教师在武术训练课程中结合学生的身体发展规律，制定科学可行的训练时间，设定运动负荷。学生只有在适当的运动强度和运动负荷下才能不断进步，实现自身机体与外界物质的良好交换。

第二，武术训练的具体原则。武术训练过程需要遵循两个原则。①形神兼备、内外兼修原则。武术凭借自身的强身健体价值、审美价值，获得了广泛的群众基础，特别是武术文化中蕴含了众多的哲学原理，非常值得人们对其进行不断探索。武术文化属于中华民族传统文化中必不可少的组成部分。武术中蕴含了丰富的精神文化，可以用于思政教育。教学中的武术训练，除强调外部动作的形神兼备外，更应注意思政教育的融入，使学生成长为全面发展的人。②尚武崇德原则。该原则始终是武术所遵循的，特别是在古代，武术高人挑选徒弟和接班人时，尚武崇德是他们的挑选依据。在他们看来，武德修养要比武术技能水平更重要。基于武术教学视角来讲，尚武崇德原则既能帮助学生正确了解武术的文化内涵，又顺应了时代发展潮流，符合国家全面发展人才培养的要求。

（3）武术训练方法

武术训练方法直接影响训练效果，所以教师在教学武术训练中要使用武术训练方法。常见且有效的武术训练方法有六种，教师可以结合具体的教学内容选择恰当的武术训练法。①重复训练法。该训练法指武术教师在不改变动作结构、不增减运动量，在固定条件下，要求学生对某一武术动作反复训练，以实现学生武术训练水平的提升。这也是武术教师在训练中常用且有效的方法。学生对某一武术动作反复训练，不仅能最终掌握该武术动作的要领与演练套路，在某一适宜条件下展开重复练习，还能让机体不断地突破自己的身体极限，获取新的适应机制，提升自身的武术训练水平。通常情况下，重复训练法的依据是学生参与训练时间的长短控制，所以可将重复训练法分为三类。第一类，小于30秒，属于短时间的重复训练方法；第二类，0.5~2分钟，属于中等时间的重复训练方法；第三类，2~5分钟，属于长时间的重复训练方法。教学中的武术训练，学生还会通过对某一武术动作或武术套路动作的重复练习，在强化运动过程中实现对肌肉的条件反射（也被称为肌肉记忆）。②循环训练法。武术套路演练教学是一系列动作的组合训练，武术训练过程中，教师可以将训练划分为多个阶段，由学生按照顺序逐个完成不同阶段的练习。此训练方法被称为循环训练法。根据不同动作所能承受负荷量的不同，可以将其分为三类，依次是循环重复训练、循环间歇训练、循环持续训练。对武术教学实践进行总结，武术训练过程中使用循环训练法既可以明显提升学生武术学习兴趣、积极性，又可以提升其武术训练效率。循环训练法是众多简单动作的组成，并不会耗费学生过多的时间与精力。所以教师可以结合该训练法的此特性，在武术训练教学中重点培养学生的某项素质，最终实现对学生全面发展的培养。③间歇训练法。该训练方法是指学生在完成了一定时间的训练后，严格控制间歇时间，再次投入训练。其中，间歇训练法由五个要素构成——每次练习的数量、每次练习的负荷强度、重复次数或组数、间歇时间的控制、休息方式的约束等。在运用间歇训练法时，教师需要充分考虑学生的训练水平、身体情况。学生的身体素质会直接影响学生训练过程中练习间歇时间的控制（间歇时间可能过长）。武术训练教学中使用间歇训练法，既能有效提升学生的训练水平，还能使学生在较短的时间内恢复身体机能。④变换训练法。因为武术训练教学过程枯燥且乏味。所以在该阶段的教学中，教师应目的明确地、计划清晰地调整训练负荷、动作组合甚至是训练环境和训练方法，以持续提升学生的学习热情。变换训练法可以分为两类：连续变换与间歇变换，主要是进行训练形式、训练内容、训练负荷的变换。武术训练中运用变换训练法，除了可以有效激发学生的学习兴趣、学习积极性、知识探索欲，更能提升学生的多方面能力。最值得一提的是，变换训练法的运用可以帮助学生加深对武术动作的记忆，实现对学生身心和谐发展的教育。⑤比赛训练法。该训练法指通过组织对抗比赛或小组比赛的方式展开训练，目的是充分调动学生的训练热情和比赛积极性，该训练方法非常有利于学生武术技能水平的提升。武术教学中常用的比赛训练法有三种：模拟性比赛、检查性比赛以及适应性比赛。多数情况下，比赛训练法会被应用于武术技术训练教学中，该训练法可以有效调动学生的竞争意识，更易于学生坚韧品格的培养，使学生在面对学习和生活的困难时越挫越勇，使他们懂得在失败中积累经验，善于竞争。⑥综合训练法。该训练法是对前述训练法的结合运用。这里并不是说综合训练法就是将上述多个训练方法叠加运用，而是教师结合学生的武术学习情况、教学内容展开教学方法的选择。所以综合训练法可以是前述两种训练法的组合运用，也可以是前述多种训练法的运用。其主旨在于提高学生的整体训练水平。

（4）提高武术训练水平的方法

教学过程中，影响学生武术学习效率的因素众多。以下是结合武术教学中的常见问题探究的提升武术训练的有效方法。①帮助学生树立正确的武术价值观。由于学生存在个体差异，所以他们对武术学习中的认知水平、接受知识的能力也存在差异。教学与学习过程需要结合学生的实际情况，制定切实可行的教学与学习计划，逐个完成教学内容，逐步完成学习计划，以最适合自己的学习方法展开学习最重要也最有效。正确的武术价值观可以直接影响学生的武术训练水平。需要特别指出的是，国潮热度的不断升温，越来越多的人开始关注武术，以武术为题材的影视作品也层出不穷，但是部分影视作品中会对武术文化进行曲解，所以学生还应理性地看待武术文化。学生可以在识别、摒弃不正确的武术观念，脚踏实地地学习、训练中，不断提升自身的武术训练水平。基于武术文化传承与可持续发展视角来讲，学生在武术学习过程中树立正确的价值观是至关重要的。②重视武术动作精神的练习与表达。武术的教学与训练中，教师不仅要特别重视学生的外部动作的规范性，还要加强学生精神的练习。因为武术文化本身讲究"精气神"。在对外传达武术文化的气势、运动魅力时，离不开武术动作精神的表达。所以无论是教师的武术动作演示，还是学生的武术训练，都需要向学生传达一个要点——武术动作与面部表情同样重要，是武术对外传达武术文化的关键所在。③提升学生的心理素质水平。武术教学与训练过程中，学生除了要学习精湛的武术技术，更要锻炼过硬的心理素质。若学生不具备过硬的心理素质，会对其后续的武术发展造成严重阻力——竞技武术难以获得优异成绩。所以武术教学过程中，教师要密切关注学生，特别是关注学生的心理，可以给予学生及时有效的引导，使学生摆脱不良情绪。需要特别指出的是，教师的引导要结合学生的自身特点展开。例如，有的学生自尊心非常强，教师应注意引导场合，避免学生尴尬；对于好胜的学生，教师应多使用激励法对学生展开引导；有效激发学生对知识的深度探索欲，不断提升他们的训练水平。在面对学生武术比赛方面的心理问题时，教师可以尝试场外练习法帮助学生调解心态，提升他们在比赛中的心理控制能力。只要充分重视学生心理素质水平的提升，就可以有效解决多数学生的心理问题。学生健康的心理状态有助于他们武术技能水平的持续提升。

2. 传统武术训练体系的发展

（1）影响武术训练的主要因素

常见的影响武术训练的三个因素，具体论述如下。

1）学生自身的因素。具体是指学生的身体素质、运动智能、武德水准等。①身体素质。前文已经多次提到，学生因个体差异，其身体素质存在较大差异，因此会对他们的武术训练效果产生直接影响。学生常见的身体素质问题有身体形态问题、身体问题、运动能力问题等。②运动智能。所谓运动智能是指有关运动学科方面的知识，主要包括日常运动训练、运动比赛所表现出来的能力。基于总体视角来讲，学生的运动智能越高，他们对武术知识理解得更快，更深入。相反，学生的运动智能会对他们的武术训练效率产生影响。③武德水准。武术始终讲究对武者武德的培养，因为武德水准会直接影响他们武术训练效率。例如，学生在武术训练过程中心浮气躁，便很难获得理想的训练效果。

2）武术教师的因素。具体表现在三个方面。①理论知识。武术教学、训练中，教师对于学生的影响是非常直接也是非常大的。因此，教师除了要系统、深入的理解专业的武术理论知识，还要具备科学、有效、系统的武术教学与武术训练方法。这里所讲的专业武术理论知识包含武术相关的众多内容：武术训练相关的理论知识、运动训练社会学科的相关知识、思维科学的相关知识。最具代表性的是哲学、逻辑学等，因为武术文化不仅蕴含了众多学科知识，也蕴含了中国传统哲学。②专业素养。武术教师需要具备专业素养，这也是直接影响武术训练、武术训练体系发展的因素。具体表现在三个方面：武术专业知识、武术专业技能、武术训练的经验等。教师只有具备较强的专业素养，才能在武术教学、训练中对学生做出有效且科学的指导。

3）社会因素。这个因素主要表现在两个方面，即政府支持程度方面、社会关注度方面。①政府支持程度。校园武术教学以及武术的长期发展离不开政府大力且持久的支持，具体体现在政策支持、资金支持、设备与设施建设的支持方面。不仅如此，出台武术与升学相关联的政策，可以有力推动校园武术的快速发展。换言之，政府对武术文化传承工作做出的积极措施，对武术教学质量、武术文化传承具有现实意义。②社会关注度。现代人越来越关注健康，加之武术有其娱乐健身效能，所以越来越多的人开始关注武术、参与武术的学习与训练。但是对于专业的武术训练而言，了解的人少之又少。特别是在经济全球化与多元文化快速交互的当下，社会媒体对于武术文化、竞技竞赛的关注与宣传力度明显弱于其他体育项目，这是武术文化的社会关注度不够导致的直接问题，某种程度上使武术发展的脚步放缓。

（2）推动武术训练快速发展的有效措施

通过前文的论述，梳理了影响当前武术教学、训练的常见问题，在下文的论述中，会尝试探究有效推动武术训练快速发展的措施。①武术教学、武术训练的方法多样化。武术教学中、武术训练过程中，需要不断创新武术教学方法与训练方法，或尝试将多种训练方法组合运用，以探究到有效的武术教学法、高效的武术训练法，推动武术训练快速发展，提升学生的武术训练水平。其中，武术训练方法非常多，这些方法的获取离不开武术教师的教学总结与教学探究。教师的教学创新还需结合现代化信息技术，将武术教学与信息化教学相关联，实现高效的武术教学与武术训练过程，例如计算机辅助武术训练法、电刺激武术训练法等。②大胆尝试先进技术与武术教学、训练的关联性教学。随着科学技术的不断发展，高新技术快速发展，先进的科技产品不断问世，将其运用到武术教学与训练中可以有效提升学生的武术训练效能。例如，教师可以通过测量学生生理、生化指标，实现对学生武术训练运动量、运动强度的精准控制；教师也可以借助先进的测试仪器，对学生身体状况、身体可承受的最大运动负荷进行测量，获取精准的数据，这非常有利于学生武术训练水平的提升。③重视以赛带练的教学。武术训练不可能仅通过单一的重复性武术训练教学提升学生的武术技能，特别是在竞技武术快速发展的背景下，武术教学也应该与时俱进，除武术套路动作的训练外，还应注重学生竞技武术技能的培养。因此要多组织武术比赛，不断提升学生的武术水平，使学生在武术比赛中不断收获经验、积累知识。以赛代练的教学法不仅能让学生对自己的武术水平有正确的认知，还能提升自身的竞技水平。最重要的是，以赛代练凭借其自身的有效性，必然会成为武术训练体系未来发展的一部分。

三、重视武术人才体系的构建

21世纪，我国处于文化多元化、经济全球化快速发展的阶段，加之科学技术的快速发展，推动了各个领域的快速发展，其中也包括教育领域。教育得到了快速发展，培养了多领域的高质量、高水平人才，基于体育人才培养视角来讲，其建设、发展经历了两个阶段。在20世纪90年代，民族体育学科设立了众多二级学科，大学体育教学与培养也将民族传统体育确定为该教育阶段的重要教学内容。在此后20余年里，专家对体育人才体系建设、发展不断深入探究，我国的体育人才体系建设获得了初步成效。基于新时期背景下，大众对物质生活的要求不断改变，为满足社会、大众的多元化需求，人才培养方向、目标也要随之发生变化。针对大众提出的健身休闲需求，我国体育人才培养模式不断做出调整，加之市场经济压力下的人才市场的竞争越来越激烈，推动了体育教育大发展——顺应时代发展需求、满足社会多元化人才的需求。所以体育人才的培养离不开体育人才体系的构建，教育过程中，教师需要对体育教育展开深刻反思、深度讨论，在创新教学内容的同时，优化教学方法、革新滞后的课程体系，以完成对社会适应性佳的武术人才的培养。武术作为体育项目，同样需要做出改变——构建全新的武术人才体系。

（一）建设武术人才体系的目标

1. 武术与民族传统体育人才观的多维性

长期以来，我国传统体育的人才培养目标始终是从人文精神视角出发的。简言之，我国长期以来的体育发展目标，是以中国优秀思想文化为基础提出的。优秀的思想文化可以对中国传统体育教育事业的诸多方面产生直接影响，优秀的思想文化包括人文价值、人文素质，具体体现在人文的四个方面：精神、意蕴、方法以及精神。

（1）人文精神

人文精神属于人文素质的核心，同时还是人类文明、文化的体现。如果一个人缺失了人文素质，那么他必然无法在社会大环境中立足。不仅如此，缺失人文素养的人，其文化素质通常也不会太高，并且很可能会给社会带来潜在威胁。因为文化素养的缺失会对人的思想深度、思想广度造成极大影响，所以应注重学生人文素质的培养，特别是文化素质的核心——人文精神的重点培养。

（2）人文意蕴

目前，我国的体育教学课程人才目标是基于人文精神角度设立的，所以教师非常有必要正确理解人文意蕴，以实现对体育教育未来发展大趋势的正确预估、精准把控，并在教育中将文化思想贯穿于体育教育全过程。

（3）人文方法

体育教育中既要理解人文精神内涵、人文意蕴，还要掌握人文精神方法。只有掌握了提升人文精神的方法，才可能将其运用于体育教学中，并获得极佳的教学效果，实现最终的教学目标。

（4）人文精神

体育教育中的重中之重是遵循人文精神，仅对人文精神有正确的理解是远远不够的，要使其贯彻于教学全过程、体现在教育细节中，以实现对人文精神的不断深化。

2. 传统体育人才培养体系的构建

虽然我国的体育人才培养体系已经初步建立且目标明确，但是仍然存在明显缺陷。具体表现在三个方面。

第一，目标不合理。人才培养目标不合理，会对人才培养的质量产生直接影响，在某种程度上也会对社会经济、政治发展产生影响。人才可以分为不同层次、不同种类，不同行业对人才的要求也是明显不同的。简言之，职位决定需求、需求决定人才层次。从此视角来讲，不同的人才要达到的层次是不同的。20世纪60年代的体育招生渠道、招生数量与现在明显不同，特别是现在研究生学位的人数明显增长。其根本在于当代人才培养模式在社会需求的推动下不断发展，社会对人才质量的要求、对人才发展水平的要求都有了新的需求。从理论视角来讲，当代体育研究生的培养目标已经调整为"高级人才"，本科体育生的培养目标已经调整为"后备人才"，显然两者在人才层次上明显不同。遗憾的是，当前的实践情况并不乐观，研究生人才培养目标与本科人才培养目标并未做明显区别，都被定位为面向世界、面向未来的德、智、体、美全面发展的人才。

第二，培养特色不鲜明。人才培养目标缺乏特色，给人千篇一律之感，显然是无法满足社会发展的人才需求的，更不利于培养多样化人才。基于教育视角来讲，这不利于学校的特色办学、教学优势的体现。人才培养目标的确定需要站在社会发展视角、社会需求视角展开，因为不同类别的人才会在不同的岗位为社会做贡献，所以设立有特色的人才培养目标模式的要点是与时俱进，即顺应社会发展需求。除此之外，还要结合自身特点。只有满足这两个要点，才能制定出与自身学校发展相符的人才培养目标，才可能培养出更多的高水平人才，使其为社会发展贡献力量。但是，多数高校的人才培养目标的特色明显不明，多是从思想、质量、职业视角完成人才培养目标的确立的。多数学校制定的人才培养目标给人最直观的感觉是缺乏特色，千篇一律。反之，如果高校可以制定出凸显自己学校特色的人才培养目标，那么既可以增加对社会高素质人才的吸引力和黏性，也可以提升学校的知名度，这对学校的长期发展是非常有益的。所以高校亟须制定可以突出自己学校特色的人才培养目标，这是提升人才培养质量、学校长期发展的关键。

第三，培养目标不完善。针对高校人才培养体系构建课题，很多专家、学者都加入其中。部分学者认为，人才培养目标的确定除了要充分考虑社会发展背景外，更要结合教育部给出的指导思想，充分考量学校的自身特色，结合市场的人才需求来确定。虽然最初我国的人才培养目标是人文精神，该目标的确定获得了初步发展，但是在其后期发展过程中表现出了一系列弊端。所以，新时期背景下，体育人才目标的制定需要充分考虑两个问题：教育部给出的目标指导、顺应社会生活的多样化发展。所以，在此要求的约束下，当前体育人才培养目标的发展模式表现出多元化特点。简言之，要从多视角展开体育人才培养目标的构想，入手点有三个。首先，学习层面：教育对象为学生，包括学生特长发展目标、学生学习适应性强的目标；其次，教育要素：知识目标、学生的应用目标、教学的价值目标等；最后，教育层面：体育教育，教学内容体现专业性的目标、选修课程的教育目标、其他课程的教育目标等。由此可见，学校需要从多视角展开多元化的人才培养目标，这样的条件、环境才适宜体育教育的长远发展。

（二）培养武术后备力量的有效路径

武术人才、武术后备力量的培养，可以从三个方面展开：培养方式、培养类型以及培养原则。

1. 武术后备力量的培养方式

校园的武术后备力量的培养包括两个类型：普及型与专业性，两者存在明显异同。

（1）学校教育的普及性培养

武术教育人才培养的途径多是通过教育机构实现的，其中包括学校。学校的武术人才培养是通过计划的制定、教学目标的制定，以课堂教育的形式展开，向学生传授武术专业知识、武术技能，从而提升学生的武术技能水平。此过程对学校武术后备人才培养表现出以下两个积极作用。

第一，增强体质的作用。学校展开武术后备人才的武术技能的教学与训练，除了可以提升学生的基础力量、增强他们的柔韧性，更能使他们的武术技能、技巧得到不断提升和积累。此教育过程非常有利于学生身心健康的发展，从身体的锻炼到心理的锻炼，实现学生身体机能的不断提升。最具代表性的是，在爆发力的学习与训练中，学生的腰部力量、下肢力量会得到明显提升。

第二，技术技能普及的作用。武术知识传授过程中，武术教师可以结合学生的学习反馈——积极的学习态度，实施技术技能的普及教育，久而久之，培养学生自主学习、自主探索知识的能力，有效提升学生后续就业、进入社会的适应性。例如，武术学习中，可以灵活运用武术技术、技能的学生在其学习阶段，基本具备武术技术、技能的自主探索、深度研究能力。加之部分学生不仅体能好而且武术技能掌握的也很扎实，这为他们后续的竞技性武术的发展、竞技武术能力的提高奠定了基础。

（2）天赋人才专业性培养

基于天赋人才培养视角来讲，武术后备人才的培养要始终坚持以专业性培养模式为主，以专业的竞技人才、武术教练人才的培养为教学目标。可以从以下两个方面入手：

第一，教育的专业性培养。专业性人才培养需要学生有浓厚的武术兴趣，并以教育小组、武术专业队的形式展开人才培养。他们接受的武术教育专业性更强，应由专业的武术教练指导学生，最后将其培养成为具有专业水准的武术后备人才。这里所讲的专业教练是指具备武术专业知识的专业武术教师，或是具有武术特长的体育教师。他们对学生展开的武术教学除体育课形式的教学外，更多的是课后武术教学，展开的是系统性更强的武术教学，例如专门的素质训练、技术训练。但是此人才培养模式有别于国家专业队，是武术人才储备、初级武术培养的教育。

第二，专业体校的专业性培养。该形式的教育多是对具有武术天赋的少年展开培养，在获得这些少年家长的同意后，他们接受的是正式的专业体校、专业队的教育，是以培养竞技性武术人才为主的教育。在系统的教育与培训中，他们可以获得不同规格的武术比赛资格，并在实战比赛中不断积累经验。他们中可能只有一小部分人走上武术展业比赛道路，但是此培养模式下的武术人才具备非常强的专业性，是名副其实的武术后备力量，更担负着武术文化传承和持续发展的重任。

2.武术后备力量的培养类型

武术后备力量的培养包括两个类型：武术的专业竞技人才、武术的专业教育人才。

（1）专业竞技人才。此培养模式是指将武术后备力量升级为具有专业性的竞技武术人才，可以让更多的人走上引导自己、引导他人学习武术、训练武术的道路。此类人才培养模式的有效路径是综合性体校的培养和专业武术队的培养。①综合性体校的培养。综合性体校的培养可能是接受并通过初级体育技术学校的培养，也可能是接受高等体育专业学校的教育。在具体的培养过程中，学生需要学习系统的武术理论知识，还要在系统的学习与训练中不断提升武术竞技水平，其中包括比赛形式的学习与训练。他们会在各种规模的武术比赛中吸取对手的经验、积累武术实战经验、不断反思和发现自己的不足、不断提升自己的武术实战技术与技能。②专业武术队培养。专业武术队的培养分为三个等级：市级、省级、国家队，不同级别的专业武术队的人才培养模式明显不同。三个级别的专业武术队的武术运动员可以逐级递升。例如，市级的武术运动员可以凭借优异的武术成绩，晋升为国家队运动员。无论哪个级别的武术队，实施的都是武术后备人才的培养，不断尝试武术技术技能的创新。此人才培养模式是当前最常见的武术后备力量培养模式。

（2）专业教育人才。所谓专业教育人才指的是武术专业人才的培养。具体来说，是培养具有专业性的武术教师、武术教练。①专业性的武术教师。武术教师会向学生传递武术相关知识与技能，所以担任武术教师要有两个硬性条件：系统、精深的武术理论知识、丰富的武术竞赛经验。这也是武术教师有效培养武术后备力量的必要条件。专业性的武术教师不一定是竞技武术人才，也可以是体育专业人才，但是他们要通过武术专业教师考核。②专业型的武术教练。教练明显有别于教师，教练的任务是培养专业的竞技武术人才，所以他们一定要具备丰富的武术竞赛经验，并取得过优秀的比赛成绩。只有同时具备武术理论与武术实战的人，才有资格、有能力承担竞技武术人才培养的工作。不仅如此，他们还是人才选拔、竞技武术人才培养的核心力量，这也是他们明显有别于武术教师的地方。他们更注重专业体校武术人才、专业队人才的培养。

3.武术后备力量的培养原则

不是所有接受过武术专业学习、训练的学生都可以成为专业的武术人才，学生武术学习的后续发展与其外部条件、心理素质有关。所以，培养合格的、高水平的武术人才需要遵循三个原则。

（1）因材施教原则。由于学生存在个体差异，所以他们在接受专业的武术人才的培养过程中同样会表现出智力、认知、情感、动作等多方面的差异。教师要充分尊重学生的差异，结合学生的特点，为其选择与之相符且体现自身优势的武术类型，以实现武术人才培养的顺利展开。

（2）有武术特长且可持续发展原则。专业的武术教育者不仅要发现学生的武术特长，更要对学生特长的可持续性发展性进行预测与评估。例如，学生是否具有速度优势、耐力优势、灵敏性优势等，学生的这些特长是否稳定，是否可持续性发展，这些于武术人才培养而言非常重要。不仅如此，武术教育者还要对学生的能力进行深度开发和运用，努力将其培养成德才兼备的专业武术人才。

（3）武术兴趣培养原则。武术运动的学习与训练过程是单调、枯燥且乏味的，特别是在训练过程中，学生需要不断克服来自身体和心理的问题。例如，若学生缺乏挑战自我的勇气、缺乏拼搏精神等，无法战胜自己的内心，那么他们的武术学习就很难完成。所以即使是武术后备力量的培养的教学，也要以武术兴趣的培养为切入点，激发学生的武术学习兴趣，培养他们的武术自主学习能力、武术的自主探索能力，在武术的主动学习过程中不断取得进步。

第三节　新时期文化软实力视角下的武术文化发展路径

传统体育文化是众多中华民族传统文化的重要分支。传统体育文化在与国际文化碰撞中求生存，成为向世界展示中国文化软实力的重要窗口之一。传统体育文化在其面临机遇的同时，也面临诸多挑战。中国传统体育文化长期以来受旧观念的影响，始终发展缓慢。基于新时期背景下，传统体育文化，包括武术文化，可以借助文化软实力试图加快其发展步伐，将其内在魅力表现出来。从新时期文化软实力的武术文化发展视角来看，其发展路径的选择与其发展快慢、发展成败存在紧密关联。本节重点对文化软实力背景下学校传统体育文化、武术文化的发展路径展开深入探究。

一、坚持走"独具特色"的发展路径

新时期文化软实力背景下，武术文化的校园发展需要坚持走"独具特色"的发展路径，以实现对中华民族自信力的彰显。

(一)中华民族自信力与自豪感

中华民族自信力体现的是中华民族整体层面的强大民族精神力量,更是对中国民族能力、文化价值的充分肯定。中华民族自信力可以从社会各个视角中得到展现。毛泽东同志曾说:"我们中华民族有同自己的敌人血战到底的气概,有在自力更生的基础上光复旧物的决心,有自立于世界民族之林的能力。"这句话诞生于抗战时期,在该历史时期,正是这句话激励和鼓励了中华人民,增强了中华民族摆脱殖民的自信力。中国的强大有目共睹,已经逐渐发展为体育强国。

基于近现代视角,纵观民族传统体育在教育中近百年来演变与发展——由于传统师道的衰退、教育中传统体育文化教学内容的贫乏等,学生很难将传统体育文化知识贯连起来,对于民族文化魅力的感知也非常有限。但是学生还是可以从影视作品中感受到来自体育的民族自信力与自豪感,学生的爱国情怀油然而生。基于此,学校在实施传统体育教育、开展传统体育活动(武术)时,除了要向学生传授武术技能,还一定要将弘扬民族传统体育文化的教育确定为教学主旨之一,让学生在武术文化教育中坚定中华民族自信力,提升学生的民族自豪感。

(二)彰显民族自信力与增强民族自豪感

基于学校教育视角来讲,重点是将不同地区、不同学校的优势凸显出来——表现出"人无我有,人有我特"的教学优势,并将优势发挥在后续的教学中,由此实现对教学现状的不断优化。具体工作可以从两方面展开:①将学校的地区优势发挥在教学中,实施"人无我有"的教学优势。学校的区域优势与区域文化有关,正是俗语所讲的"十里不同风,百里不同俗",由此注定了不同区域的民族传统体育项目不同。以武术文化为例,不同区域的武术文化虽有关联性,但差异也是非常明显的。如果将区域优势、区域文化作为学校的教学优势,并将其稍加改造后引入课堂,既可以丰富教学内容,又可以凸显学校的教学特色。②特色教学过程中,需要结合学校自身的实际情况,努力实现"人有我特"的教学特色的发展。随着社会持续发展,区域间的距离被逐步拉近,各民族的文化交流日益频繁,实现了文化与文化之间的交互。很多民族传统体育项目具有普及性优势,因此非常适合校园创设特色教学内容。

民族传统体育具有多元化特点,武术属于文化特点突出的民族传统体育项目。将其作为特色教学内容,可以凸显教学特点。基于文化软实力背景下,具有文化特点的武术进入学校,只有依据学校的自身特色,对学生展开传统文化教育,才能使学生在武术学习过程中了解和传承中华文化,并使武术文化得到有序传承、持续发展,从某种意义上提高中华民族的文化软实力。只有提高中国文化软实力,才能使中华民族屹立于世界之林不倒，将中国的民族自信力彰显出来。

武术进校园，要对学生实施更宽维度的教育，除了让学生具备个人层面的努力意识——成为优秀的武术运动员，为国争光，更要让学生具备更高层面的努力意识——使武术文化传承、可持续发展，不断增强国家的体育竞争力，在国际舞台上树立民族自信心，在世界体坛具有话语权。所以学校的特色教育（武术文化教育）需要走"人无我有，人有我特"的发展路径。具体从两个方面入手：①基于世界范围视角来讲，每个民族都有自己的体育代表项目，中国传统文化丰富，具有自身特点的体育代表项目也是非常多的，其中包括武术。只有将武术作为学校的特色教育，才有可能实现武术文化的有序传承、可持续发展，最终将其价值充分体现出来。②武术文化的校园发展还应遵循"人有我特"的发展原则。中华民族传统体育在有序传承过程中，部分人表现出崇洋媚外的思想，他们盲目地认同国外的体育项目，这从某种程度上阻碍了中华民族自信力的提升。学校更应重视中国文化的校园传承，在进行武术文化的校园教育过程中，从根本上增强自信力，推动中华民族传统体育在国外发展的路径上的发展。

综上所述，自信力在国家文化发展过程中担负着原动力的角色，其主要体现在来源元素上，所以在学校武术文化的教育过程中，要把握住"人无我有，人有我特"的教育方针，助力中华民族自信力的彰显。

二、坚持走"入境问俗"的发展路径

坚持走"入境问俗"的发展路径，可以有效提升国家形象的亲和力。

（一）国家形象的亲和力

亲和力一词最早出现在免疫学中，用于对"抗原与抗体结合的强度"的概括。后来，该词逐渐迁移至俗语领域，被用于表达人际交往融洽与否。具体来说，亲和力指一个人或一个群体在交往过程中可以得到其他个体、其他群体的包容和喜爱。基于国际交往视角来讲，亲和力可以解释为国际社会对某个主权国家的综合国力、政策取向以及活动、成果的总体评价和认定。具备良好的国家形象，是顺利开展与世界各国友好交流、合作的敲门砖，更是向世界各国展现自己、获取更多发展机会的重要前提。

国家形象是一个国家对自己的认知，更是国际体系中其他行为体对它的认知的结合，是国家文化软实力不可或缺的组成部分。

(二)有效提升国家形象的亲和力

基于某种视角来讲,国家形象的亲和力是在国际关系中对外表现的自我与国际方面的认知。基于国内视角来讲,国内风俗习惯的亲和力是对各民族间风俗习惯的认可。基于国外视角来讲,国外关系的亲和力源自与对国外民族风俗习惯的彼此认可。中国有句俗语叫"力在则聚,力亡则散。"从传统习惯视角来讲,尊重对方的习俗,是获得对方信任与支持最有效的方式。

提升国家亲和力的过程中,学校的武术教学需要以"入境问俗"为切入点,坚持以风俗习惯为基础展开教学活动。文化冲突属于文化交流过程中存在的极端表现,而风俗习惯的冲突属于文化冲突中的表现方式,其成因是不同文化存在独特性和差异性。所有文化不同程度上存在排他性、自我满足的特点,所以当两种不同的民族风俗彼此接触,受不同文化思维、差异文化行为的影响,会表现出理解方面的隔阂,严重时还会产生分歧和矛盾。有效提升国家形象的亲和力的重中之重是尊重他国的风俗习惯。基于学校传统体育教育、武术教育来讲,如果存在贬低其他国家、其他民族风俗习惯的问题,必定会对自身地位的提高造成影响,这种教育方式也是不被允许的。所以,学校武术文化在对外推广区域武术文化过程中,要以"入境问俗"为切入点,展开国家形象亲和力的提升教育。

三、坚持走"科学系统"的发展路径

坚持走"科学系统"的发展路径,可以有效提升中华民族文化的竞争力。

(一)中华民族文化的竞争力

"竞争力指,竞争对象在相互比较中显示出的优势和实力。"[1]基于宏观视角来讲,对于文化竞争的理解可以分为三个部分。①文化产业的竞争力。此部分可以进行量化、数字化,也是三个部分中最直观的部分。②文化价值观的竞争。此部分属于隐藏于文化产业数字背后的内容,表现的是文化价值观的竞争。③文化竞争力的竞争与社会制度的竞争。前者的数字化体现的是文化价值观的博弈、差异性社会制度的核心价值观的竞争,除此之外,还包括将不同社会制度体系的竞争表现出来。例如,最常见的是中国与美国间的文化价值的竞争。基于表面视角来讲,两者展开的是文化产业的竞争,事实上两者展开的是社会主义制度与资本主义制度的竞争。由此可以看出,文化竞争力并非单一的文化产业的竞争,而是从更深层次上的竞争——价值观与制度之间的竞争。

---

[1] 刘轶:《我国学校民族传统体育发展路径研究:以文化软实力为视角》,湖北人民出版社2013年版。

提升文化竞争力并非单纯地提高文化产业的发展，更要注重文化产业更深层次内容的展现——将价值观与制度的魅力体现出来。此过程需要不断提升文化生产力，推动文化的持续发展。基于武术的校园教育视角来讲，武术文化的校园传承与可持续发展需要大力提升武术文化的生产力和持续力。简言之，要走"科学系统、可持续发展"的武术文化教学之路，实现对中华民族传统文化竞争力的持续提升。

（二）增强中华民族文化竞争力

基于文化软实力不断提升视角来讲，文化持续力对于文化竞争力至关重要，人类历史是人类自己创造的，但是创造过程并非随机，而是在碰到条件下、既定条件下、从过去承继下来的条件下展开创造的。文化的发展也是有其发展规律可循的，因为我国属于中央集权国家，在对文化发展深度研究后，从政策制定到制度实施需要经历漫长的过程，在此过程中需要完成对文化的解读。具体来说，增强中华民族文化竞争力的要点有两个。①明确相关意识。例如，学校民族传统体育属于独立学科。武术既属于民族传统体育项目，又属于大学科下的子学科、科学系统的教学大纲以及教学模式是学科顺利开展的基本保障。教学大纲是学校制定、政府规范的，还是师生的"教"与"学"的行为纲要——实施过程的参与者是教师与学生。当教育大纲缺不能持续使用，必将引发教学观念的不断更新。不仅如此，教学大纲的频繁调整容易导致教师对其的理解不够深刻，严重时会出现误读的问题，使教学预期无法达成。基于此现实问题，应鼓励教师积极参与到教学大纲、教学模式的研究与制定中来，结合教学实际，有依据的调整教学大纲，进而保证教学大纲的有效性、可行性。②民族传统体育项目多形成于人们的日常生活中，武术文化也是如此，并未有固定的规则制度，也没有特别繁缛的讲究，但在将武术文化引入校园作为教学内容时，也应对其加以改进，使其尽量趋于规范。学校只有拥有科学、可行的武术教学体系，才能使武术文化具有可持续发展力，并将自身的竞争力凸显出来。

某种程度上讲，竞争力属于参与者双方，也可能是参与多方之间的角逐或因为两者或多者的比较而表现出来的综合能力。它属于相对指标，要在竞争中得以表现。这也是文化软实力作为实力得以体现的原因。在文化产业中，体育产业的发展并不顺畅，更何况是武术这个单一的传统体育项目。这种不容客观的情况会对民族体育项目（武术）的竞争力产生严重影响。

文化是在不断竞争中完成创新和变革，甚至再生的，所以学校的武术文化教学应坚持走科学系统、可持续发展道路，助力中华民族传统文化竞争力的提升。

四、坚持走"和而不同"的发展路径

坚持走"和而不同"的发展路径，主旨在于将中华文化的世界影响力不断扩大。

（一）中华文化的影响力

影响力是人与人、群体与群体的交往中，可以对他人心理、行为产生影响的能力。中华文化的影响力是指中华文化在世界文化交流过程中，对其他民族人们的文化意识产生的影响，即使人们的文化意识发生改变的能力。文化的形成体现的是人民智慧，是人民智慧的结晶，所以无论是哪个民族、哪个国家的文化都有其影响力。不同的是，这些文化的影响程度、影响形式不同。文化影响力的强弱并非一成不变，而是在世界文化竞争过程中不断发生变化，可能越来越强，也可能逐渐没落。由此可以看出，提升文化影响力已经成为衡量文化软实力的标准。所以在国际环境下，各国都在努力扩大自己的文化影响力，具体行为有两个：强制型、信服型。基于文化发展视角来讲，其表现为殖民文化、共享文化。所以，中华民族传统文化的影响力发源于文化的自觉认同中。

（二）扩大中华文化的影响力

新时期文化的发展需要把握的发展法则是"和而不同"，实现中华文化影响力的有效扩大。学校武术教学同样需要走"和而不同"之路，并将其落实到武术教学中去，在把握该发展法则时需要实现三个发展目标。

第一，纠正对西方体育学科的盲目崇拜、模仿意识。在学校武术教学中，需要对武术文化系统了解、精准把握，努力做到学科价值的"和而不同"。基于学校体育发展视角来讲，尽管要大力发展本国的民族传统体育，但是一定不能以牺牲西方现代体育为代价，更不能将西方体育作为体育学科发展的唯一价值，而忽略学校的武术文化的思想价值。要认识两者的差别，取长补短，推动学校武术教学的持续发展。

第二，树立"和而不同"的武术教学的协同价值观。在学校武术教学的协同价值中，武术教学的价值并不局限于体育价值，还包含了德育价值、智育价值、美育价值。简言之，学校武术教学应建立起德、智、体、美等多元化目标，实施"和而不同"的价值观的培养。

第三，深度挖掘"和而不同"的发展本质价值。霍华德·加德纳是心理学教授，他提出了多元智能理论。该理论的核心价值理论观——智能是多元化的，因为所有孩子都是独一无二的，他们都有在某些领域成才的能力。在武术教学过程中，虽然全体学生都参与其中，但是不应忽略学生的个性发展。切勿将教学目标局限于武术运动员的培养上，而是以培养和谐发展的人为武术教学目标。在具体教学过程中努力发展不同的学生个性，尊重他们的体育偏好、挖掘他们的体育特长。

基于某种意义，"和而不同"属于我国民族传统体育文化认同与适应的选择。在此历史背景下，学校武术教学会经历多个发展阶段——排他性冲突—认同性选择—包容性并存，此过程是文化认同、文化适应的过程。具体地讲，武术教学过程中不仅切勿盲目排他，要妥善处理排他冲突，并不断寻求独特的吸引力，提升武术的吸引力，还要做到大同存小异，即坚持走"和而不同"武术教学发展道路。简言之，执行的是坚持共同发展体育的原则，对差异性持包容态度，以实现武术文化共存、共荣的目的。

第六章　武术文化在经济、社会中传承、发展

武术文化的传承与发展与社会经济、社会发展存在着相互促进、相互依托的关系。本章以多元化生态体系的构建为切入点，通过借力全民健身热潮实现武术文化的产业化发展的论述，对武术文化的产业化发展进行大胆构想。

第一节　多元化生态体系的构建

一、武术的产业化发展情况

（一）以教育事业的大型武术学校为依托

当前，我国很多地方的武校都在招收留学生，还会参加各种商演活动，以此获得经济利益。这些大型的武术学校之所以可以快速发展，是因为他们在发展过程中充分挖掘和发挥了以"武术"为产品的附加值，不仅如此，还在武术教育服务产品中融入了多元化的教育资源。武校不再以单一的武术人才培养为教学模式，而是同时启动了注重文化水平教育的武术人才培养模式，这无疑为新时期竞技武术的持续发展奠定了良好基础。这些武术学校培养出的武术人才，不仅武术技击技术精湛，而且文化知识水平也很高。成功的人才培养模式无疑对武术产业的大力发展提供了更广阔的发展空间[1]。

（二）影视作品与竞技武术的紧密结合

在武术文化产业化发展的道路上，逐渐与影视作品相关联，有力推动了武术文化的普及、武术产业的快速发展。影视作品实施的影视传媒的特点是武术文化的传播速度快、传播范围广等，在武术产业化发展过程中，武术逐渐出现在影视作品中，并在影片宣传中实现了对武术文化内在魅力的宣传。大众在武术影视作品中认识了众多武术巨星，他

---

[1] 申国娜、燕赵：《武术文化研究》，人民体育出版社2010年版，第12—23页。

们出演的武术影视作品也受到了世界观众的喜爱和认可。不仅如此，武术还登上了2024龙年央视春晚的舞台，以"舞蹈+武术"的表现形式，将咏春拳与香云纱两种非遗文化相关联，为观众呈现了精彩的岭南文化风范，达到了极佳的武术文化宣传效果。除了武术表演，其他形式的节目也对武术文化进行了深度宣传，最具代表性的是中央电视台的武林大会节目。显然，影视作品与武术的结合，可以让更多的人看到武术、认识武术、喜爱武术，最重要的是凸显武术文化的地位。这对武术产业化发展具有深远意义，也某种程度上助推了武术文化的传承与可持续发展。

（三）武术节与旅游业的武术文化推广

武术节的举办除了可以推动武术文化的有序传承和可持续性发展，更能收获可观的经济利益。例如，沧州举办的武术节将当地的文化优势充分发挥在武术文化活动中，推动了当地的武术产业发展，最重要的是在武术产业化发展过程中积累了经验。后续多地也举办了武术文化节活动，包括河南郑州的武术节，甚至世界各地举办的武术节。沧州举办的武术节的主旨是宣传沧州、发展沧州。该活动获得了预想的效果，于是武术节活动开始在各地遍地开花，有效推动了中国武术文化的传承和可持续发展。活动的频繁举办非常有利于武术文化产业发展的深度探索。武术节活动带来的经济价值，将体育产业发展与旅游产业发展密切关联。基于此，可以认为武术文化的发展同样与旅游业存在密切关联。武术发展过程中，众多的地方特色、地方文化融入其中，所以要深度挖掘武术产业化发展过程中的经济效益获取路径，做好武术所属区域与相关品牌的包装与推广。

最具代表性的是，以武术为主题的旅游项目是河南高山少林寺，在其武术产业发展过程中，除了实现对当地武术资源的保护与开发外，更将武术与健身旅游业相关联，获得了可观的经济效益，由此凸显了武术产业的重要意义。嵩山少林寺武术的表演节目丰富多样，加之频繁举办多种规模的武术比赛，吸引全国各地的武术爱好者前往表演，有效推动了当地旅游业和武术产业的快速发展。

二、武术产业化过程中遇到的阻力

（一）重武轻文的武术教育不利于武校的健康发展

武术在初期被确定为公益型事业并不断发展，后在武术产业化发展中获得了丰厚的经济收益，越来越多的商人纷纷为武术学校的创办投资。久而久之，因为经济利益的驱使，武校中的种种弊端开始凸显。首先，教师从业缺乏行业要求，导致武术教师的整体素质有待提升。不仅如此，武术教学过程中过于注重武术技能培养与提高，严重忽略了文化知识的教育，此教学模式明显不利于学生的全面发展。整个教育过程以学生的武术技术的培养为唯一教学目标，如果社会提出了全新的武术人才需求，那么以武术技术的培养为唯一教学目标培养出来的学生，必然表现出较差的社会适应性。学生很难实现自身价值，某种程度上，不利于社会的稳定发展。其次，多数武校的教育局限于小学阶段和初中阶段，这对学生接受高校教育产生极大阻力。武校向高校输入高水平、高质量武术人才的难度增大，不利于武术文化的传承和可持续性发展。最后，受固有观念的影响，多数人认为武校学生普遍存在文化程度不高的问题。

（二）武术产业化发展以政府为主体

自中华人民共和国成立以来，很长时间都在市场经济体制下发展。自十一届三中全会以后，经济体制发生明显改变，国民生活发生了巨大变化。基于社会主义经济体制背景下，武术产业的发展再创辉煌。但是从当前武术产业的发展现状来看，仍然存在诸多不足，具体可以概括为两点。第一，武术经济组织的发展是以当地政府为主导的，例如举办武术节、武术与旅游业相关联等，都是政府直接参与其中，加之受到政策的约束，某种程度上使武术的产业化发展放缓。第二，受固化思想的影响，使很多武术传承人并不愿意将毕生的武术技艺传授给武术学习者，所以武术的各个门派的发展是故步自封的，彼此之间缺乏交流和相互借鉴。很多武术拳种、器械技法、套路演练等已经走到灭绝的边缘，不利于武术产业的发展。所以，武术产业的发展除以政府为主导外，更应发挥武术传承人的力量，引导其参与到武术的产业化发展中来，实现武术文化的有序传承与可持续发展。

（三）武术产业化发展的专业人才匮乏

据前文所述，当前武术学校的教育过于局限，集中于小学阶段和中学阶段。所以武术人才培养的道路过于狭窄，加之武术学校向高校的武术人才的输送受阻，直接导致武术产业化发展过程中的专业化人才匮乏。尽管武术专业人才通常属于专业型人才，但是因为他们不具备经营意识，所以在武术产业化发展过程中，多表现出经营水平不高的问题，蕴含在武术中的无形资产的功能、效果无法被充分运用于武术的产业化发展中，无法满足广大消费者的多元化需求。因此，武术产业化发展过程中，专业人才的匮乏是制约其快速发展的关键因素。基于此，武术的产业化发展的重中之重是引进且培养高素质专业武术人才。

三、优化武术产业化过程的有效对策

武校可以培养出大批量的武术人才，并服务于武术的产业化发展，其要点有三：健全武校管理制度；武术产业发展以政府为主导，并激活社会各方的力量；健全武术管理人才培养体系与武术技术标准化。

（一）健全武校管理制度

首先，不断优化武术产业的管理机制，统一并明确武校的审批程序、考核标准，上至证件管理，下到工作评估，使武校后续的发展可以做到管理制度明确、管理过程有据可依。

其次，优化武校的师资力量，包括武术教练的综合素养，为武术教练提供丰富的培训与学习机会，做到全体武术教练通过武术专业考核，持证上岗。这是确保武校产业化发展的重要因素。

再次，健全武校的教学内容。除了要进行武术技术动作知识的讲解，更要重视文化知识和武术文化知识的讲解，培养全面发展的武术专业人才。

最后，加强武校与各类高校的联系。目的是有效处理武校的师资培训问题，为武校人才的后续进修（进入高校）提供便利，实现全面、高水平武术人才的培养。

最值得一提的是，武术文化的传承者在履行教育义务的过程中，要坚持以人为本的教育原则，中华武术动作讨论，提升其实用性和易操作性，使更多的人可以参与到武术学习中来。

（二）武术产业化发展以政府为主导，并激活社会各方的力量

长期以来，我国非常重视文化的保护与传承。以武术文化为例，武术文化已经被纳入中国的非物质文化遗产名录中，对其实施了有效的保护，不仅如此，国家还为武术文化的传承做出了巨大努力——设立非遗传承人。在对武术文化的保护与传承的过程中，让更多的人认识和喜爱武术文化，并让他们自发地担任起保护武术文化的责任。基于武术产业化发展视角来讲，要充分发挥政府的市场经济调控效能，明确武术产业化的独立性、自主性，实施恰到好处的宏观调控，推动传统武术产业的快速发展。例如，若某地区申请举办武术节活动，应由该地区的体育局、文化局等多个政府职能部门联动，提出武术节的管理办法，清晰把控宏观调控的范围，将武术发源地、武术资源、武术知识产权的保护等融入活动中，提升武术产业化发展的含金量，助推武术相关产业的发展。不仅如此，还可以充分发挥社会各界的力量，鼓励他们积极参与到武术的产业化发展中。

(三)健全武术管理人才培养体系与武术技术标准化

武术产业化发展得以顺利开展，这与武术管理人才的有效性有直接关联。基于此，我国要实施并落实武术人才培养倡议。首先，武校要具备较强的师资力量，武术教师要具备丰富的武术理论、过硬的武术技能、较高的职业素养，也要有运用现代化技术展开武术教学的能力。其次，完善武术教学内容，除包括武术专业理论知识外，还要包括武术专业技能，以及与武术文化、武术产业发展相关的知识，例如市场营销学知识、体育经济学知识、体育管理学知识等，以培养多元化发展的武术经营型人才；最后，传统武术产业化发展的过程中，要实现武术产业与信息技术的接轨，将运动数字化、网络化技术运用于武术教学、武术产业化发展中，由此增强武术的市场竞争力，引起世界人民的关注与认同。

四、武术文化发展中的多元化生态体系构建

(一)借鉴 NBA 产业俱乐部联盟的组织形式，实现组织形式的创新

NBA 联盟是由 30 个俱乐部组成的市场主体，其经营模式也是非常有特色的——NBA 联盟是市场经济条件下的独立主体，不受政府干预，不接受社会企业以及赞助商的加入。最独特的一点是，NBA 联盟是没有法人资格的，属于非营利性的篮球行业组织，所以其经济收益属于联盟内的所有成员。该组织联合其他分散俱乐部，对于内部事务、外部事务采取综合处理的方式。其优势是办事效率高且有利于统筹发展。基于内部事务的处理视角来讲，NBA 联盟可以实现各俱乐部的均衡发展，将运营风险降到最低。基于外部事物的处理视角来讲，NBA 联盟具有垄断的特点，可以实现经济效益最大化。NBA 联盟中，众多的俱乐部之间的关系是对立且统一的，这些俱乐部除了有丰厚的收入，其激烈的比赛也非常有看点。不仅如此，各个俱乐部都有个共同的目标——获得经济效益、制造优良的赛事产品，他们会为共同的目标紧密协作。NBA 联盟拥有其规章制度，这些制度对各个俱乐部的约束力是非常强的，有效避免了恶意竞争事件的发生。

NBA 俱乐部产业联盟的组织形式的特点突出、优势突出，非常值得借鉴。武术的产业化发展可以尝试成立武术俱乐部，将众多俱乐部联盟的效能发挥出来，以推动中国武术产业的快速发展，使其走向繁荣。

(二)创建优质的武术产业链

任何行业的发展都离不开完整的产业结构，如果产业结构不完整，就无法实现其可持续发展。武术产业发展同样需要符合此发展要求。NBA 产业获得辉煌，其核心力量是

精细的产业结构、产业链，由此确保了产业链的整体发展，促进了上游企业、校友企业之间的合作，实现了双方或多方的共赢，更为产业的持续发展奠定了物质基础。基于武术产业发展视角来讲，武术比赛节目的受众是观众，俱乐部联盟的相关产业是中下游产业，由此反映的是产业机构、产业链的完整，并对武术产业发展发挥了积极作用。

因为武术文化中蕴含了浓郁的地方特色，所以不同区域的武术未能实现共同发展。他们的供给商并不多，比较知名的是浙江丽水的宝剑制造业、河北定州的武术器械制造业等。众所周知，中国武术产业的种类是非常多的，但始终延续着分散经营模式，尚未实现统一管理，这是武术产业整体发展放缓的重要阻力之一。特别是武术产业中的上游产业和下游产业，它们之间的交流与联系少之又少，此现状在某种程度上也阻碍了武术产业链的整体发展。为实现武术产业链的整体发展，一定要将武术联盟作为上游企业，加强武术其他企业间的联系，从而实现上、下游产业的共同发展。当然，此过程离不开政府宏观调控。

（三）精彩赛事提升武术产业的核心竞争力

体育产业的持续发展，某种程度上离不开扣人心弦的体育赛事对大众的持续吸引，以实现对体育产业快速发展的推动。以 NBA 赛事为例，其每年都会为观众呈现千余场不同规模的比赛。这些赛事对观众最大的吸引力是比赛中的精确抢断、犀利且动人心魄的盖帽、狂暴扣篮以及可以让人热血沸腾的致命三分球。场上个性张扬球员的魅力四射，加上热情奔放的篮球宝贝的助场，对观众产生了极强的吸引力。

我国武术与 NBA 相比，比赛中即使有运动员运用技击方法的表演，但是使用有限，多是展示散打技术，毫无激情可言，明显对观众的吸引力不够。基于此视角来讲，武术和武术产业的发展前景不太乐观。若中国武术产业不能稳定发展，自然会对其下游产业经济产生影响。因此，武术产业的平稳发展需调整武术比赛，融入具有看点的技击技术，将武术的高、难、美的动作展现出来，让观众可以感受到武术的艺术魅力，并留下深刻印象。

（四）以武术品牌提升武术价值

品牌是当前企业市场竞争的核心竞争力，之所以这样讲，是因为品牌除了有利于增加消费者对产品的认可，更可以有效提升产品的知名度，实现利润的提升。最值得一提的是，品牌的价值不能以金钱衡量，它创造的价值多是无形的，远超于产品本身的价值。例如，消费者购买产品多会考虑品牌因素。NBA无疑是体育品牌的"领头羊"，在推动文化产业快速发展的同时，更拉动了市场经济的快速发展。NBA联盟授权的产品是非常多的，且远销世界各国，受到广大消费者的欢迎和喜爱。NBA 在不断发展过程中，为观众不断提供精彩绝伦的赛事，并组织不同类型的社会活动，由此无形中提升了 NBA 的品牌效应。基于此，武术产业的顺利发展需要不断提升武术品牌，发挥其品牌效应，打造出中国自己的具有民族文化印记的品牌，使其具有市场竞争力，推动武术产业的快速发展。中国武术少林派在品牌树立方面走在了前沿，为武术的产业化发展树立了良好的榜样。他们会积极与春节演出的主办方沟通，争取表演机会，久而久之树立了自己的武术品牌"少林派"，受到了国人的喜爱和认可。最重要的是，"少林派"还引发了世界人民的关注，这为武术的产业化发展打下了基础，使武术在后续的国际化发展之路更加畅通。

第二节　借助全民健身热潮实现武术文化的产业化发展

一、全民健身的时代背景

健康是社会发展到特定阶段的必然要求，更是经济社会发展的基础条件。国民健康长寿既是国家富强、民族振兴的重要标志之一，又是全国各族人民的共同愿望。我国早在 2016 年就发布了《"健康中国 2030"规划纲要》，由此，健康中国的倡议被提出——健康是全面建成小康社会的基础，更是实现社会主义现代化的重要基础。不仅如此，为深入实施全民健身的国家战略，全面推进健康中国、体育强国建设，丰富人民群众在 2024 年春节期间的体育文化生活，提升人民群众的获得感、幸福感，体育总局开展了 2024 年全国全民健身大拜年活动。显然，中国正处于全民追求健康、全民展开健身的新时期背景下，武术文化发展武术产业化发展顺应了时代发展大趋势，更为全民健身、健康中国贡献了力量。

二、武术文化的产业化发展在全民健身中的作用

我国的民族传统体育（武术）体现了自身的发展地位与全民健身作用，具体表现在以下两个方面。

（一）可以满足不同年龄人群的健身需要

武术文化产业在发展过程中充分发挥了其全民健身效能，具有较强的普适性，适合多数人参与其中，包括儿童、青少年、中年以及老年人，满足了不同年龄人群的健身需求。

当武术健身参与者是儿童群体时，其需求有两个：易学、有趣。因为儿童对陌生事物的接受能力有限，加之儿童的爱玩天性，武术健身可以满足他们的这些特殊要求，所以很容易吸引他们主动参与其中。武术健身通常是集体性参与的，特别适合在幼儿园、小学低年级有组织地进行。

青少群体更喜欢带有较大对抗性、体现严谨规则性的活动。武术健身多是民族传统健身体育项目中那些在运动形式特征和要求、体能素质等方面，与热度较高的竞技体育项目类似的运动内容。青少年在活动参与中，可以有效锻炼自己的意志，实现对自己身体素质的提升。最重要的是，在活动参与过程中他们可以有效地培养集体主义精神。

老年人更容易接受平缓的运动形式。武术健身并没有苛刻的要求，对参与者的约束不多，而且具有健身功效，所以具有静态性运动特点的武术健身项目可以吸引中老年人参与其中。

（二）可以满足不同职业人群的健身需要

武术文化形式的全面健身可以满足不同职业人群的多样化需求。武术文化的形成来源于劳作，所以农民会对武术文化的健身形式产生与生俱来的亲切感。武术可以满足城市白领防身、健身、陶冶情操的健身需求。在武术文化的健身形式中，不断提升身体素质，增强自身的防御能力。军人可以通过武术的健身形式，满足他们增强体能的要求，更能在集体训练中，提升他们的战斗力。对于商业人士而言，他们可以选择练习太极拳、气功等，使自身的心智得到有效磨炼。

三、武术文化在全民健身背景下的产业化发展策略

（一）政府主导与社会参与

武术文化极具民族特色，是我国的文化瑰宝。基于全民健身背景下实现武术文化的产业化发展，离不开政府的引导。政府重视武术活动的组织和实施，着力推广武术文化——出版武术文化相关的普及读物，在全民健身活动的开展中发挥出主导作用，并鼓励社会组织、个人积极参与其中。

（二）实施差异性发展，满足不同需求

全民健身计划经历了长时间的发展，逐渐发展为国家战略。武术活动的开展需要满足不同年龄段、不同职业人群的健身需求，并在大众参与过程中结合不同人群的需要，增加其大众适应性促进武术文化产业化的顺利发展。

（三）实施必要的改革与创新，从而适合产业化发展

传统武术活动容易因为武术动作的重复练习，使参与者感到枯燥，加之技术动作难度过大，不适合部分人群练习，所以导致其在全面健身的推广中受阻。针对这些现实问题，需要对传统武术活动实施必要的改革和创新。将不同派别的武术特点凸显出来，使其大众适应性提升。例如，太极拳适合中老年人练习；燕青拳被称为迷踪拳，是中国传统武术代表，出自少林寺，其特点是动作轻灵敏捷，灵活多变，适合青少年练习。所以，结合不太难的武术练习者，可以根据需求展开不同派别武术练习，并在武术文化的发展过程中对其实施必要的改革和创新，使其更符合现代体育竞争性、观赏性特征。与此同时，还应建立武术竞赛制度、竞赛规则等，使其产业化发展之路更顺畅。

（四）突出武术的休闲健身特点

随着大众生活水平的持续提升，人们的闲暇时间越来越多，大众的休闲健身需求越来越强烈。因此，武术的休闲健身特点满足了大众的休闲健身需求。武术中蕴含的丰富的中华文化，可以使参与者在休闲健身过程中陶冶情操。基于此，武术的休闲健身特点被凸显出来，大众的积极参与，推动了武术的产业化发展。

（五）大力宣传与动员

大众健身倡议被提出后，我国还确立了全民健身日，国家和部分省市还会组织以全民健身为主题的运动会，全民运动会相关活动的举办，使越来越多的人加入到了健身活动中，并在活动过程中了解了民族传统体育、接触到了武术文化。此外，不同形式的大众健身活动在宣传、推广过程中，也实现了对武术文化的大力宣传与推广，使越来越多的人参与到了武术健身中，由此实现了武术产业化的快速发展。

（六）培养武术专业健身指导员

健身指导员是需要有专业资格的，是促进武术大众健身更好、更快发展的重要保障，所以应该注重对武术大众健身指导员的培养。这些指导员要对武术项目进行熟练掌握和运用，从而进一步指导其他人群参与。参与的人多了，人们的需求会推动相关健身产业

的发展，也就能够刺激武术的产业化发展。

（七）设立专门的发展引导资金

在全民健身上升为国家战略的大背景下，各地政府对当地的全民健身事业的发展持支持态度。不仅如此，政府还设立了全民健身财政支持资金，必将有部分全民健身的支持资金运用于作为大众健身项目的武术项目的发展中。在专项资金的大力支持下，武术健身会发展得越来越好，吸引更多的人参与到武术健身活动中来，由此推动武术文化在全民健身中的产业化发展。

（八）吸引资本投入，展开投融资

市场经济在我国确立以后，市场的重要性得到凸显，因此政府应发挥引导作用，吸引社会资本投入，对作为大众健身项目的武术实施必要的宣传与推广，吸引社会各界的资本，展开投融资，以此推动武术文化在全民健身背景下的产业化发展。

第三节 武术文化产业化发展的构想

一、加强对武术健身项目的创新

现代健身的发展要与现代生活节奏的发展同步，以满足大众不断变化的健身需求。新时期背景下，大众对健身项目的需求向着更简洁、更实用、更有趣的方向转变。因此，武术文化在全民健身背景下的产业化发展需要加强对武术健身项目的改造，以满足现代人的新的健身需求，夯实群众的体育基础。

此外，在武术健身项目深度开发的过程中要不断创新，特别是武术健身项目的开发需要科学技术的投入，赋予了武术健身项目科学性。简言之，对于武术健身项目中的部分技术动作的创新，可以在保留传统武术文化基础上，将其健身效果凸显出来。对于武术文化中观赏性较强的太极拳或适合开展比赛的梅山武术等，要注意其大众参与的可行性和实用性，提升其观赏性。

二、促进相关竞赛表演产业的发展

竞赛表演产业是体育产业发展的核心,武术文化在产业发展时同样需要抓住此重点,积极开发众多武术派别中可以发展竞赛表演项目。目前在我国比较有影响力的是世界武搏运动会,该运动会是新型的综合性体育比赛,由世界体育总会创办,每4年举办一次,比赛项目由世界体育总会认定的武术与格斗类体育项目组成,属于高级别的武术赛事。除此之外还有2023年8月举办的第九届世界传统武术锦标赛。高质量且具有影响力的武术运动会推动了武术文化产业化的发展。

不同规模的武术运动会有力推广了武术文化的健身、休闲性,使更多的人积极参与其中。可以尝试对如太极拳等部分发展相对成熟的武术项目进行改造,使其逐渐向竞技项目发展,在吸引人们参与其中的同时,促进其形成具有一定规模的大众武术比赛。

三、实行武术俱乐部制

随着体育市场在我国的不断发展,会出现越来越多的体育社会组织。在体育市场成熟之后,就会出现越来越多的体育俱乐部,这些俱乐部的成员都拥有共同的兴趣和爱好,而武术文化要想发展得更加快速和完善,也必须走体育俱乐部制的道路。武术文化实行俱乐部制既有利于传播我国优秀的武术文化,还能加速武术文化的社会化、产业化发展。具体来讲,可以促进以下几个方面的发展。

(1)通过武术俱乐部制,可以满足人们日益增长的健身和娱乐需求,从而不断吸引更多的人参与到武术运动中来,促进武术文化的产业化发展。

(2)通过武术俱乐部制,可以为进一步发展武术文化提供良好的大众基础,促进武术的专业化发展,不断提高其赛事的专业性。

(3)通过武术俱乐部的运作和发展,可以提高武术文化在世界上的影响力和传播力,武术文化在世界范围内的传播主要有两种形式:第一,向国外输送优秀的武术教练员与运动员、互派访问团与表演团、创办武术学院等,在国外吸引更多的人参与其中;第二,借助文化交流形式,如武术文化节、武术比赛等,促进武术文化的普及和传播。

(4)实行武术俱乐部制,能够带动社会经济的发展。俱乐部可以通过收取门票、赞助费、转播权等,在促进自身盈利的同时,给社会创造一定的经济效益。通过与俱乐部会员的互动和联系,成为会员们的感情纽带,形成一定的俱乐部文化。这种文化可以促进一定区域的和谐,从而间接为社会创造出一定的社会效益。

（5）实行武术俱乐部制，可以带动相关服务业的发展。随着人们生活水平的不断提高、可支配收入的不断增加，武术文化的产业化发展引来了其发展的新契机。武术俱乐部不仅为消费者提供了民族传统体育服务，而且提供了娱乐、餐饮、旅游等方面的综合服务，有效促进了相关服务产业的发展。

综上所述，实行武术俱乐部制能够加快构建武术文化产业化发展体系，带动相关产业的飞速发展。

四、加强相关人才的培养

人才是发展的第一生产力。现阶段，武术文化的相关人才严重匮乏，已经成为武术文化产业化发展的掣肘之一。应该努力增加武术文化产业的吸引力，使更多领域的人才加入武术文化产业化发展中来。应该加强对既懂武术技能，又懂武术文化，更懂经营、管理、法律的人才的培养，为武术文化的产业化的发展提供一定的人才支撑。一方面可以在相关专业体育院校进行培养，另一方面可以在社会上设立专门的武术产业机构和培训班进行培养。

五、健全相关法律制度

武术文化的产业化发展应该采用以市场为主，政府扶持的发展模式。目前，在我国，政府已经出台了很多体育产业发展的政策，但还没有出台相关的法律制度，对相关措施进行规范。一个产业要想有序、良性地发展，必须是在一定的法律制度内进行，因此，应该健全对武术文化产业发展的法律制度建设，为相关发展提供必要的制度支撑。

六、培育武术产业化发展市场

走向市场是武术文化产业化发展的必由之路，在此过程中，应该注重以下几个市场培育和发展的要点。

（一）武术培训市场

在武术文化产业发展领域，要发力武术的培训市场，根本点在于，只有通过一定的武术培训，才可以实现以下目标和效果。

（1）接受武术培训的人需要购买相关的书籍和服装，包括其他一些体育用品。通过组织武术活动，培养一批武术爱好者，这些爱好者可以继续进行下一步消费，如观看武术体育比赛等，从而不断促进他们关于武术文化产业的相关消费，促进武术文化的产业化发展。

（2）武术市场的发展也可以进一步影响武术培训市场。武术的竞赛和表演市场可以进一步拓展武术爱好者，促进武术消费者的增长，促进参加培训人群的增长。

（二）武术健身休闲市场

健身休闲市场是武术健身领域内的一个重要市场，必须努力建立，可以从两个方面进行：一是大力宣传武术健身的优势和特点，吸引更多人的参与；二是加大武术健身休闲市场的整合和规范力度，促进其健康有序发展，形成良好的市场氛围，从而吸引更多的人参与其中。

（三）武术文化市场

武术文化市场是武术文化产业化发展的理论支撑，因此应该不断加大其理论的研究力度。通过相关文化的传播，加大相关的宣传力度，不断推动武术消费需求的增长。此外，应该不断加大文化市场监管和保护的力度，不断制定武术文化市场发展的措施，不断促进武术文化产业的快速发展。

七、促进武术文化产业与旅游产业的融合

由于我国武术文化的特殊性以及我国旅游产业的发展趋势，应该尽最大努力促进武术文化产业与旅游产业的融合，政府应该积极协调各部门之间的关系，积极推动武术文化产业与旅游产业的融合发展。这些都需要不断结合当地的文化和习惯等，不断寻求武术文化产业与旅游产业互动发展的结合点，促使两大产业之间形成良好的互动。

随着我国旅游业的发展，人们对于休闲旅游的需求越来越旺盛，应该努力加强我国武术文化产业与旅游的融合发展，从而不断产生更多的经济效益和社会效益。

第七章　武术文化传承与发展的个案研究

武术文化的传承不仅需要传承武术技艺,还需要传承武术内在文化。武术文化的传承与发展受诸多因素的影响。本章先从对武术文化传承、发展方面进行综合审视,再以湖南武术为例,对武术文化的传承与发展展开深入分析。

第一节　武术文化传承、发展的综合审视

一、武术文化

(一)武术文化的相关学说

武术实践的历史与人的生命起源具有同一性。针对武术文化起源的问题,业内专家和学者持多种观点,最具代表性的观点是武术的"生产劳动说"、武术的"战争说"、武术的"模仿说"、武术的"本能说"、武术的"游戏说"、武术的"巫术说"、武术的"祭祀说"、武术的"精力过剩论"、武术的"性选择说"、武术的"教育传承说"等。武术起源了决定武术的长期存在与发展,与人类格斗之术的起源几近相同,随着人类发展和需要的改变而不断发生着变化。劳动为武术的产生创造了最根本的条件,模仿与游戏是武术产生的辅助因素,巫术与祭祀对武术有着一定程度的促进作用,战争是催动武术发展的直接动力。

(二)武术发展的文化动因

需求是人类所有活动的动因。兽性是人性中不可避免的成分,为了满足人类这一普遍的、具有冲动攻击性的本能释放的需要,人类从生产劳动逐渐走向战争。学者钟亿群、李欣在《奥林匹克多元文化教育中的心理认同》一文中提道:"精神分析学家们经过大量的临床实验证明,在人类的原始欲望中有两种占据主导地位的欲望,一是指人的求生的欲望,主要指的是性的欲望;二是指人求死的欲望,主要指人的攻击欲。这两种欲望

深植于我们的潜意识深处，由于文明的压制使它无法上升转化为我们的意识，但它却对我们的行为有巨大的影响。在史前文明时期，人类基本上不具有社会属性，因此这两种欲望被很自然地明显表现出来，那时攻击欲主要是以人类群体内部的生存竞争和对外部世界的征服形式表现的。进入文明时代后，战争成为人们攻击欲的最好发泄物。不但如此，人们在战争胜利之后还能获得丰厚的物质利益，在这两种欲望的驱使之下战争被无休比地演绎着"。随着人类私欲的膨胀，特别在火药的发现与武器的发明后，再加上原始社会私有财产的出现等多种因素的影响，最终导致部落之间频发战争。法兰克福学派的左翼学者马尔库塞认为："文明在使人类进步的同时，也正在逐步毁灭着人类。人类的文明每前进一步都要使人类付出沉重的代价。人类始终在文明与本能欲望的冲突中挣扎着"。人类开始逐渐将这一技能广泛应用于斗争之中，而武力此时则成为一把双刃剑，既可以改善人们的生活环境，也可以毁灭人类的家园。人类开始由无意识的攻防本能逐渐过渡到有意识的搏斗，战争对武术的形成与发展产生了积极的推动作用。由此可见，人类释放本能的需要与战争需要成为武术发展的文化动因。

（三）武术发展的文化缩影

武术发展进入社会文明后，在冷兵器时代，武术开始被更加广泛应用于人类战争，从此进入了一个崭新的发展阶段。在历史发展中武术附属于统治阶级，它主要的目的是为战争服务和满足人们防身、自卫的需要。学者刘鸿雁在《关于中华武术发展战略的思考》中提出："中华武术是在满足人类社会的生产斗争和阶级斗争的需要中产生的。它的发展也受到生产斗争和阶级斗争发展形势的影响。"武术同其他事物一样，都经历了从初级到高级的阶段性发展，直至火器的出现，火锯成为武术发展的分水岭。武术在古代有着多种称谓，如拳勇、手搏、角力、斗勇、技击、相搏、手战、武艺、角抵、相扑、白打、把式等，在近代武术则被称为国术、国技、功夫等称谓。

武术的历史发展时期就是武术由初级到高级发展时期，也是武术的内涵与外延逐步演变的发展时期。中国武术在其千百年来的发展过程中历经了早期人类生存中人与兽相搏的"搏斗之术"，余暇休闲的"游戏之术"，巫术、祭祀、观赏所用的"武舞之术"，古代战争中相互攻击的"搏杀之术"，为复仇而产生的"行刺之术"，为泄私愤而出现的"决斗之术"，平息人世纷争，追求和平的"止戈之术"，尊重生命、珍爱生命的"养生之术"，育人喜武和习武育人的"教化之术"的嬗变。中国武术完成了从野蛮到文明，从生物人到文明人的历史演变过程，浓缩了人类文明发展的历史进程，在中国文化发展的历史长河中形成了具有中华民族特色的武术文化。

二、武术文化的价值追求

2008年北京申奥成功,"人文奥运"成为北京奥运会的核心理念,更成为北京奥运会的灵魂,体现了奥运精神对人和谐而全面发展的追求。中国武术作为北京奥运会的特设项目,其文化魅力可见一斑。武术的追求不仅表现出对人与人、人与自然、人与社会的深切关注,还体现出人类对自身的终极关怀,也是人类对自身价值的判断与肯定。武术文化浓缩了人类文明发展的历史进程,在中国文化发展的历史长河中形成了具有中华民族特色的武术文化。武术从产生至今,主要表现出对"养""生""和""合"等中国传统思想文化的不懈追求,这些内容都与人、与自然、与社会的和谐有着密切的关系。

(一)武术对"养""生"文化的价值追求

1. 武术对"生"的追思

中国从古代开始就极其注重对"养生"的追求,谈"养"文化之前,首先要了解武术对"生"的追求与价值观念,因为"养"是以"生"为基础的,中国人对"生"的追求包括生命、生产、生活、生存(谋生、求生)等内容。这些丰富的内容同武术都有着或多或少的直接或间接的联系。人类的本能所体现出的对"生"的本能追求产生了武术,形成了武术攻防的特点与价值功能,通过武术人类实现了对"生"的渴望与追求,但随着人类私欲的不断膨胀,武术同样为人类带来了很多灾难。然而,武术产生的初衷却是为使人类获得更好的生存资格与条件。

从人类的生命起源到远古时代的"人少而兽众",原始先民为了保障生命安全和获得更好的生存,必须要通过武力去征服自然、改造自然,改变自己的"生活"环境,因此必须用武力手段获得食物,将其作为生产资料,以满足长期的生存需要。随着人类文明的进步,很快就进入了人类社会文明阶段。当战乱四起、人们流离失所,为了生存,人们不得不想尽办法求得生存,一个部落或一个民族为了保证战争的胜利,必须借助武术训练来增加将士的战斗能力。武术成为整个冷兵器时代安身立命的重要手段之一,后来武术又成为从古至今中国社会中一类人群重要的谋生手段和技能。习武之人在古代战乱时期可以充当保家卫国的将士;春秋战国时期,很多习武之人成为侠士或刺客;习武之人在古代私学、馆社组织、民间团体、教会帮派等组织机构担任武术教头;宋朝武举制的出现,使习武之人可以入朝为官;清朝时期,习武之人又成为替人看家护院的家丁、给达官贵人充当私人保卫的保镖、收人钱财后为人运送财物的镖师等。这类人群的谋生手段都是依靠武术这项技能而获得的。

对"生"的追求是人类一种伟大的奋斗目标,生存欲望是一切生命的本能。人类的存在与发展都是由"生"开始的，生产、生活、生存（谋生、求生）都离不开武术的存在，而运用武术获得长期生存资格是满足人类生存欲望的基本手段和条件。满足人的生存需要是中国武术在历史发展中经久不衰的一个重要因素。

2. 武术对"养"的追问

美籍学者孙隆基在《中国文化深层结构》一书中提道："中国一般老百姓的生活意向，归根到底就是一个'养'字，每一个人都几乎将全部心思放在'养'自己的身体（即餵食，补身），'养'老婆，'养'孩子（即安身立命，生男育女），'养'上一代（即孝）。"中国自古代开始就认为只要解决大众百姓的温饱问题，就可以获得天下太平，这对一个具有悠久历史的农耕文明国家来说，确实是一个国家和一个民族满足人民生活需要的最低生存保障条件。太平盛世可以体现中国人对"养"的终极追求。中国人眼中的"养"文化大都表现在"养护身体""养家糊口""修身养性"等价值观念上，这些内容都与武术发展有着一定的联系。人们通过习武可以使自己身体变得更加强壮，满足生命的需要，体现出"养护身体"的价值功效；人们在武德的教化下不断修正自己的思想，陶冶情操，改变了自己的性情与性格，满足了人们"修身养性"的需要；人们还通过习武获得了谋生手段，保证了自己和家人的长期生存资格，体现出"养家糊口"的作用。"养"建立在"生"的基础上，同时又是一种对"生"的现实价值和意义的超越与升华。"养"是为了使人更好的"生"（即存在），体现了对中国传统文化思想中"生命观"的深刻认识，表现出对生命价值的追求与尊重以及对人自身的终极关怀。

有学者曾提出"武术属于体育，但又高于体育"，国内学者对此观点颇有争议。笔者认为武术运动具备了体育的健身、娱乐、竞技等方面价值，但还包含了中国传统的养生价值，这个内容成为武术区别于西方体育的重要因素之一。西方体育的观点是"生命在于运动"，以"身体运动文化"为核心的思想；在中国最具代表性的运动文化之一是武术，武术所体现出的内涵是以"运动养生文化"为核心的思想内容，武术既集中反映出中国儒、释、道文化中"以人为本"的思想和处世原则，还表现出一种对待生命的积极态度以及追求人与自然、人与社会的和谐思想。

（二）武术对"和""合"文化的价值追求

1. 武术对"和"的追寻

中国武术长期以来深受中国传统文化思想的影响，蕴化了武术"和"文化的思想与追求。东西方文化的焦点也在于对"和"文化的追求及"和而不同"思想的探讨。武术本身所反映出的是中国传统文化思想，其核心思想就是儒家文化中的"尚和中庸""和为贵""和谐"的思想以及对和平的不懈追求，而武术本身则具备争斗、攻击的实质，可以说武术文化将"和"与"争"的文化精神与内涵体现得淋漓尽致,武术本身可以说是"和"与"争"对立统一的产物,武术的追求是"和",而其表现形式则为"争",武术的自身功能特点与"和"文化的追求具有一定的矛盾性,但二者又相互制衡,对立统一、协调发展。西汉刘向在《说苑》有云:"凡武之兴,为不服也。文化不改,然后加诛。"西晋束晢在《补亡诗·由仪》中说:"文化内辑,武功外悠",这里的"文化"指的都是"以文教化"之意,文武对举,主张无论对内、对外都要以文教化,对不能接受文化的将要实施武力去征服。人类私欲的膨胀与社会发展的不和谐导致了战争的出现,而动用武力则是平息战争和稳定社会不和谐的重要手段。武力是解决文治以外最有效的方法,以武力的征服建立一个有秩序的新世界。

学者鲍振艳认为:"中国传统文化中蕴含的和平主义思想,其意义不仅仅局限于一种处理国家和民族关系的最高准则,而是包含着天人之和、身心之和、人伦之和、社会秩序之和、协和万邦五层意思。这五层意思相辅相成,构成了中华民族生生不息的爱好和平的民族精神。"中国传统文化的核心是儒家文化,而儒家文化的精髓之一是"以和为贵",把"和"视为所追求的理想境界,成为自古以来人们为人处事的重要准则和信条。佛家也有句名言是:"放下屠刀,立地成佛";道家的主张则是"不争","无为","天之道,不争而善胜","夫唯不争,故天下莫能与之争"的思想;墨家所倡导的是"非攻","兼爱";兵家的至上境界也是"不战而屈人之兵"。所以说武术文化在中国主流文化儒、释、道、墨、兵家中,无论是提倡入世,还是主张出世,都是期望天下太平而无争。和平体现了武术与奥运、中西文化的共同追求,从奥运的"神圣休战"到武术的"止戈为武",无处不体现出人类对和平的渴望,人类的渴望赋予奥运与武术共同的神圣追求。

中国追求和平的民族性格导致了不尚征伐,而尚和中庸的民族个性所追寻的是在和平中求发展、谋进步、促和谐。因此,中国历史上的重大战争都出现在抗击外来侵略时。民族性格决定了武术的价值取向,体现出的是追求人类和平与构建和谐社会的秩序文化。西方的民族性格为主张尚力、尚强,西方人视竞争为生存之本,在竞争中谋发展、求生存。赫拉克利特曾说过:"一切都是斗争所产生的。"正如国学大师钱穆所说:中国常于"和平"中求发展,立思想;欧洲常于"斗争"中求进步,著精神。人性的弱点和本能导致了战争的爆发,战争在不同程度上反映了人类原始的攻击性本能。

因此,西方人希望通过奥运的"神圣休战"来抑制人性的贪婪、展现对和平追求的美好渴望,在和平中寻求公平、公正的竞争。这些内容集中体现了中西文化中"和"而不同的文化意境。

2.武术对"合"的追想

中国武术中"合"的追求主要体现在对"天人合一""知行合一""形神合一""阴阳合一"等中国古代哲学思想的融入与思考。

武术受中国传统文化思想影响较深,无论是儒、道、墨、佛,任何一家学派都对"天人合一"这个观点有所认同。宋人邵雍有云:"学不际天人,不足以谓之学。"可见古人对天人思想的重视。因此,武术在历史发展中必然对"天人合一"的思想有所融入与发展,同时也赋予了武术文化深刻的哲学内涵。"天人合一"的思想起初表现的是人类对大自然的敬畏与崇拜,认为自然的力量是不可抗的,人要生存就必须遵循自然的规律,渴望达到人与自然的调和。从另一个侧面也反映出中国古人具有较强的现实感,认为"天"是至高无上的,是造物主主宰着万物,宇宙拥有强大的力量。《易经》中的:"天行健,君子以自强不息",体现出古人一种积极把握人生的处世态度。而"人"只是宇宙中的一份子,如果想要更好的生存,就必须遵循大自然的变化规律。古人始终渴望探寻自然规律,拉近"天道"与"人道"的距离,并拥有征服自然、改造自然的神奇力量。"天人合一"的思想是人类一种亘古不变的精神追求。后来,随着人们对大自然和事物规律认识的不断深刻,"天人合一"逐渐变成了人类通过自身实践活动对自然规律进行探寻,希望可以使"天道"为"人道"服务的一种追求,也决定了武术的和谐发展。

"知行合一"反映出中国古代哲学中一个重要的认知观点,在武术传承与实践过程中发挥了积极的作用。"知行合一"中"知"代表知识、认知,"行"代表行为、实践,知行合一就是理论与实践相结合,解决"知易行难""知难行易"的矛盾。古代武术谚语有云:"既学艺,必试敌。"体现出古代习武之人对学习认知与实践价值的重视程度,反映了中国古人重视实用价值的观念与思维方式,形成了武术传承中"学以致用"的思想特点。"知行合一"的价值对武术传承质量具有重要的历史意义,为武术的传承与实践提供了思想保障。

"形神合一"是构成武术文化的基本要素。"形"指的是人的外部形态,也可以说是由外部形态变化而构成的武术动作与姿态;"神"指的是人的精神、思想,也可以看作是人的内涵的反映。"形神合一"是形体与精神在武术行为中达到和谐统一的境界。通过武术行为反映出武术文化内涵的外延,举手投足间无不表现出中华民族深厚的文化底蕴,形成具有东方特色的武术文化。

"阴阳合一"是武术中应用最为广泛的学说之一。"阴阳"可以说是古代哲学理论的代名词,用来说明一切事物内部不同属性的相互对立统一与转化的过程。阴阳具有对立统一,相互依存、相互协调、相互转化、相互制约等特点。《易传》中曾提道:"一阴一阳之谓道。"阴阳的平衡与调和可以体现"道"的存在。在《太极图说》中曾提道："动则生阳，静则生阴。一动一静互为根。"体现出阴阳的相生相克、虚实变换的特点。"阴阳合一"的辩证之道和对立统一的思想在武术演练与技击对抗中应用广泛，如武术中经常出现虚实、动静、攻防、刚柔、奇正等变换，无不体现出阴阳调和、多变的意识形态，丰富了武术文化理论体系，为武术流派的产生，为如阴阳八卦掌、阴阳五行拳、太极拳等拳种的创立提供了理论参考。

这些内容也反映出了中国武术的人文追求，集中体现出对"和""合"文化的追求，其中"和"指的是和平、和谐，"合"指的是相合、融合。在"和""合"中求进步、谋发展，这也是中国武术文化的思想本源。

对"养""生""和""合"文化的追求反映了武术的文化本质。中国武术文化的核心文化就是中国传统文化，而中国传统文化的内涵所反映出的则是"以人为本"的终极追求。而武术的追求并非局限在对"养""生""和""合"等文化方面的追求，可以通过侧面了解到武术的价值追求本身始终都是围绕着满足人类自身发展的需要，不断为人的和谐发展与满足需要提供服务，其主要价值功能就是为人类服务。通过武术运动使人自身以及与他人、与自然、与社会达到和谐完善的目的。若想进一步推动武术运动的发展，就必须要深度挖掘武术的文化内涵与价值追求，使更多的人通过武术去认识和了解中国文化，在继承和发扬武术文化的同时从中受益。

三、古代武术文化传播的主要途径

远古时代，处于萌芽时期的武术只是作为一种生产劳动技能在原始人类中进行传播，主要为满足生产劳动和自身防卫的基本需要，此时便产生了武术传播的雏形。进入人类文明社会后，武术文化传播主要依靠官方武术传播和民间武术传播两种传播途径。

（一）官方武术传播

官方武术传播主要指的是政府行为，满足了统治阶级的需要，具有较强的政治目的，但在传播内容上具有一定的社会主流文化色彩，能够代表当时比较先进的文化。其主要传播途径包括：官学、军事武术、武举制等。

1. 官学

"学在官府"较早体现了我国教育的阶级性色彩，在夏、商、周时代的奴隶社会，学校是为满足统治阶级需要产生的，学校中的学生也只能是奴隶主贵族的子弟。在官学的课程设置"六艺"中，射、御两项与武术和军事体育有关。宋、明、清时期的官办武学提高了习武人员的理论素养，促进了武艺与兵家谋略及阴阳家思想的结合，推动了武艺训练理论、武术思想的发展。从后续意义看，它不但对武术在学校的传播有积极的意义，而且开创了武术通过学校向军队传播的先河。无论是夏、商、周时期的武术教育，还是宋、明、清时期的武学，都是官办学校中传播武术的形式，虽然时间和范围都有一定的限制，但对武术传播来说具有一定的历史意义。

2. 军事武术

在武术文化的发展过程中，军事武术和民间武术一直是中国古代武术的两个主要传播与发展途径。尽管两者价值取向不同，但传播的内容是相同的。军事武艺的传播在很大程度上促进了民间武术的广泛传播。两者在漫长的历史长河中融会贯通，促进中国武术在整个古代社会的蓬勃发展。春秋战国时期，由于奴隶制的崩溃，奴隶主贵族在军队和教育方面垄断武术的局面被打破，武术开始走向民间。在此后相当长的历史时期内，一直并存着民间武术与军事武术两大体系，这两个体系始终交错发展着。它们都是武术的重要组成部分，又都对武术的传播与发展有着重要的作用。直到19世纪末，火器的出现成为武术传播的分水岭。

3. 武举制

武举制是古代科举的一种，又称"武科"，是我国古代科举制度中专为考试武艺人才而设置的科目，是我国古代教育体制中的一种考选形式。武举制最早出现在唐朝时期。武举制虽然不能直接传播武术，但它是传播的外因，或者说是传播的环境和动力系统，能直接促进武术的传播。以选拔军事人才为目的的武举制对传播武术起到了一定推动作用。武举制开创了"以武入仕"的先河，提高了习武之人的地位，促进了民间习武的热情，为武术的传播与发展奠定了坚实的基础，有着深远的历史价值和意义。

（二）民间武术传播

师徒传承是民间武术传播的重要方式。学者周伟良曾给"师徒传承"下了这样一个定义："以择徒拜师方式形成的师徒传承，由师与徒双方聚合在一起，按照一定的规范要求和权利义务，以传习某种技艺为纽带而组成的一种社会活动方式。"通过上述我们可以发现，武术传播过程中师傅是传播者，武术的德与技是传播内容，口传身授、耳提面命则其传播方式，徒弟是传播对象，徒弟在学艺后取得的成就则体现出传播效果。民间武术传播途径主要包含：私学（即个人授徒）、武术门派、民间结社等。

1. 私学

与武术有关的私学传播可以说是现代武馆、武校的前身，春秋时期的儒、墨私学与武术传播有着密切的关系。儒、墨两大学派成为支配当时学术思想的主流，所谓"世之显学，儒、墨也""孔墨之弟子徒属，充满天下"。儒、墨两大私学已成为当时影响最大、占主导地位的私学组织。儒、墨两家都注重武术性质的体育教育，对武术在社会上的传播起到积极的作用。儒家思想的核心文化构成了千百年来武德传播的主要内容，墨家私学中的文化思想成为武术文化传播中"武侠精神"的历史溯源。

2. 武术门派

为了将门派发扬光大，薪火相传，武术门派在传播过程中极为注重策略与技巧，将武术与门派崇拜结合起来，对门派中传奇人物和事迹进行推崇，或将门派创始人神话，或将某代弟子事迹传奇化，归根结底就是为了造成广大民众的心理皈依，达到传播的目的和效果。

3. 民间结社

在漫长的武术发展与历史传播过程中，民间结社是武术传播中的重要形式之一，是建立在一种共同目标下的又一重要的武术传播方式。社交团体会不同程度的突破血缘、区域、行业、信仰及社会阶级的界限，把志趣与爱好相同的人们结合起来。

所有结社的成员都因有共同的动因和目标，自发和自觉形成一个群体、团队，进而在这个团队和群体中传播武术。这些社团组织逐渐发展成为具有阶级色彩的党会和政治团体，而武术的实用价值决定武术成为结社组织重要的传播与活动内容。武术结社传播最早可追溯到宋代。有文献记载：宋代民间武术发展非常普及，以社为基础的武艺术结社遍及各地。这些民间武术结社的共同特点是都以传播实用武艺为内容。明清时期是武术发展最为繁荣的时期，同时又是武术结社传播最为频繁的时期，使中国武术得到了广泛的传播与发展。

四、现代武术文化传播的重要载体

目前，现代武术传播主要可分为以竞技运动为主体的、走奥运与国际化路线的竞技武术传播，以武术教育为主体的学校武术，以传统武术、健身武术、社区武术等为主体的社会武术。

当代军事武术传播受到多种因素的影响与制约，火器出现时武术的价值、功能就已经开始弱化。随着科技的进步与发展，军事方面已经全面进入现代化，人与人直接交锋的机会已大大降低，这在很大程度上限制了武术在军事领域的传播。武术只是作为现代部分军警训练的科目之一，而且很多军种的士兵从参军到退伍基本没有进行过武术训练。为此，武术在军队传播人群有一定的局限性，所以未将其列入研究范围内。

（一）竞技武术

竞技武术是许多武术参与者为响应奥林匹克精神，从传统武术中提炼发展出来的一项具有中国民族体育特色的竞技运动项目。1953年11月，在天津举行的我国首次规模较大的全国民族形式体育表演及竞赛大会上，中国武术作为主要表演项目之一，走出了体育项目进入竞赛领域的第一步。1982年全国武术工作会议，正式拉开了中国武术走向世界的帷幕。从1991年开始，国际武术联合会先后在中国、马来西亚等国家举行了7届2年一次的世界武术锦标赛。到目前为止，国际武联已拥有来自各大洲的100多个会员和一批经验丰富的技术官员。从北京亚运会开始，亚奥理事会连续四届把武术列为正式比赛项目，这标志着武术被奥林匹克运动所接受。无论是文化交流，还是竞技比赛，武术的传播与发展都取得了长足的进步，受到了世界各国人民的青睐。为适应世界武术运动蓬勃发展的需要，国际武联筹备委员会于1985年成立，于1990年在中国北京召开了国际武联成立大会。1994年，国际武联被国际单项体育联合会接纳为会员。1999年，国际武联得到了国际奥委会的承认。竞技武术发展道路十分艰辛，竞技武术传播同样面临着困境，例如从事竞技武术运动的人群、年龄局限性大，动作追求高、难、新、美等因素直接影响其普及与推广，竞技本能价值的缺失等因素都在不同程度上影响着竞技武术传播。因此，单靠竞技武术发展与传播是不够的，还应注重社会武术与学校武术协调发展。

（二）学校武术

学校武术传播可以追溯到夏、商、周时期"六艺"中的射、御教育，以及宋、明、清时期的武举制与武学教育。到了民国时期，由于中国的国势衰微，当时很多人认为武术可以强国强种。因此，武术被作为一种尚武强国的重要教育手段推向学校。1914年，徐一冰先生建议把武术列为高小、中学、师范学校的教学内容。1915年，北京体育研究社委托北京教育会在全国教育联合会第一次会议上代为提出《拟请提倡中国旧有武术列为学校必修课》议案，这一议案中提出"各学校应添授中国旧有武技"，被与会代表广为认同。1918年10月在教育部召开的全国中学校长会议上通过决议：全国中学校一律添习武术。武术正式进入学校，成为学校体育课程中的一项重要内容。

新中国成立以来，武术在学校教育中的地位得到进一步的加强，多年来武术始终是各级学校体育课的必修内容之一。特别是20世纪80年代至90年代，学校武术得到学生的极度关注并走向高潮。从1984年国务院正式批准武术硕士学位授予权，1997年在上海体院产生了首个武术博士。2004年4月3日，中宣部和教育部从文化战略的高度联合颁发了《中小学开展弘扬和培育民族精神实施纲要》，要求中小学各学科教育要有机渗透民族精神教育内容，体育课适量增加中国武术等内容。可见政府部门对学校武术传播的重视。

尽管国家对学校武术传播十分重视，但开展学校武术的方式、方法还有待进一步探讨，因为这些因素直接关系到学校武术传播与发展。例如学生对武术课程难度与教学内容的认同度培养防卫能力的课程比重、武术师资的执教水平、中西方体育文化内涵差异等问题都将影响着学校武术的传播与发展，这些问题也将是学校武术工作者所面临的新课题。

（三）社会武术

武术作为一种社会文化现象，已逐渐进入到人们的生活。基于社会学视角来讲，社会需求是评定武术价值体系的唯一科学标准。纵观历史，武术价值体系似乎始终呈非稳定状态，其体系的多元价值排序也随社会的发展而变动。同时期的文化创造总是受到特定的价值观的引导。武术不仅为人与人之间的社会交往提供了机会和条件，而且也越来越清晰地体现出它在社会交往中的价值功能。因此，武术的社会价值决定了社会武术长期的生存与发展。社会武术包括传统武术、健身武术等趋向全民普及、大众推广的群众性武术传播活动。武术本身就讲究"以武会友"，通过习武者的共同爱好，可以切磋技艺、扩大交往、交流思想、增进友谊。

社会武术在20世纪50年代就已开始受到党和政府的重视。1953年，中央体委党组在《关于加强人民体育运动工作的报告》中特别指出："我国的民族形式体育，如武术等，是我国优秀文化遗产的一部分，是几千年来我国发动人民锻炼体魄的良好方式，中央体委拟设专门机构着手研究和整理，以便正确地推广和提倡。"这对我国发展社会武术而言是一次极大的推动，一时间武术在全国城乡蓬勃发展起来。目前来看，社会武术传播的形式和势头是好的，首先是政府的重视和大力扶持，其次是奥运全民健身计划的导向性，人民生活水平提高后对健身娱乐消费的意识性增强等多方有利因素。虽然社会武术传播形势良好，但也存在一些制约因素，如社会指导员的执教能力与水平、社会武术健身形式与内容的规范、西方健身娱乐类体育带来的市场冲击等，同样困扰着社会武术的传播与发展。

中国武术若想加快发展，在稳定的基础上拓展传播口径，就必须将竞技武术、社会武术、学校武术统一起来协同发展。只有认真思考，总结经验，充分剖析制约和影响武术传播的不利因素，不断加大武术改革与发展的力度，才能进一步推进武术文化传播，不断开创武术运动发展的新纪元。

第二节 武术文化传承与发展研究——以湖南武术为例

基于不同区域视角来讲，中国武术分为众多武术派别，很多地区的武术文化的传承与发展工作展开得非常成功，非常有代表性的有湖南武术，具体包括梅山武术、苗族武术、东安武术。其中，梅山武术的知名度最高，武术文化的传承与发展工作取得了长足的进步。因此，笔者利用整节篇幅，论述湖南梅山武术文化的传承与发展，期望对推动整个武术文化的传承与可持续发展有所助益。

一、湖南梅山武术已经形成较完整的理论、技术体系

湖南梅山武术起源于原始的农耕、渔猎，经过对常用生产技法的提炼，形成了梅山武术的雏形。受到独特的地理环境和蚩尤文化的影响，同时为了抵御侵略者的入侵，在征伐与反抗的循环中，人们苦练武功，学习格击技巧，以求保卫自己的家园，这使得梅山武术逐步成型。时至今日，以梅山文化为基础理论采用内外兼修和术道并重的特色，同时以养生为精髓，集技击之大成，形成了较为系统的梅山武术技术体系。

二、梅山武术在传承与发展中的困境

自古至今，梅山武术以宗法传承为主，这种单一的武术文化传承方式严重影响了梅山武术的传承和发展。武术文化的传承与发展非常脆弱，直接表现为保护失效、改革与竞技武术发展受阻。

（一）梅山武术的发展现状

在社会不断进步和发展的过程中，湖南梅山武术第19代传人晏西征先生一改往日宗法传承的模式，兴办了东方文武学院，彻底将梅山武术从传统的家族和师徒传承过渡为师生传承。

对其受众进行调查后发现，71.11%的人喜欢梅山武术，大多（58.82%）喜欢其犀利、刚猛的技术动作。学习梅山武术中97.04%为男性，以12～18岁（95.18%）的学生为主。56.93%的人认为梅山武术难度中等，76.99%的人认为梅山武术有用。可以看出，虽然他们虽然年龄小，但能深刻地认识梅山武术的基本知识、功能及其传承的重要性。同时，他们也认为学习梅山武术很有必要，不仅可以强身健体、愉悦身心，继承和弘扬中国武术文化、传技，防身和提高个人修养、完善人格，还可带来自我价值的体现，生理和心

理健康上的提升以及文化与自身修养上的提高,而并非金钱和物质上的满足。

目前,对梅山武术的研究仍较缺乏,急需更多的专家、学者共同参与和挖掘。

(二)非物质文化遗产申报助力梅山武术的保护与传承

梅山武术是一种珍贵的民族文化,具有很强的地域特色,是梅山文化的重要组成部分。梅山武术作为梅山文化和中国武术的重要组成部分,虽然源自原始的农耕、渔猎,但是一种典型的非物质、传统的表演艺术,且具有很强的民族文化和地域特色,历经千年的宗法传承及现代的师生传承。梅山武术的文化和艺术价值具有无形性、多元性、动态性和活化性。这些都说明梅山武术符合非物质文化遗产申报条件。

三、湖南梅山武术的传承发展与乡村振兴

(一)湖南梅山武术的传承与持续发展策略

1. 梅山武术传承与发展途径的选择

(1)独特的技击特点是其传播和发展的根本

梅山武术不同于中原武术,虽然同样起源于农耕、渔猎,但受地理环境的影响,其套路(短小精悍、结构严谨、既适合于单个格斗、又适合于群体作战)和器械(长烟袋、板凳、雨伞、祀、木棍等)形成了极其独特的地域特色,极具实战性和观赏性。因此,在发展途径的选择上要紧扣其技击本质,保护特色。

在全球追求创新、人人推崇特色的今天,创新显得尤为重要。"民族的就是世界的"这句话生动的道出了其中的奥妙。

梅山武术是地方拳种,抓住特色、立足当地非常重要,要以点带面,以新化县为中心营造浓厚的武术气息,逐步向全市、全省乃至全国铺展开来,最终走向世界。

(2)与时俱进,充分利用梅山武术的健身、养生价值

梅山武术在现代社会的发展中要明确自身定位,与国家推进的全民健身运动联系起来,重视社会健身、娱乐、休闲的需要,改进创新梅山武术的服务功能,为梅山武术的创新发展带来动力。同时,要注重对梅山武术观赏性背后的文化挖掘,注重人们在练习后的精神愉悦和满足,使梅山武术随着社会环境的不断发展而发展。

(3)大力开展专项武术竞赛和武术节活动

新媒体的问世拓宽了文化传播路径,讯息以惊人竞赛中的速度传播开来,极大丰富了社会思想。参与竞赛是一个重要的参与途径,竞赛中会有多家媒体参与报道,能让更多人快速了解梅山武术。有了对外展示的平台,也会给梅山武术的发展带来新的启示。

首先，竞赛可以给梅山武术获得外界认可的机会，如积极参与全国武术观摩大赛、传统武术竞赛、传统拳种挑战赛、武术功力大赛等各种竞赛。其次，当地政府应该提供相应的资金和平台，积极将梅山武术推向不同级别的少数民族传统体育运动会表演项目的竞赛平台中。最后，政府应积极组织梅山武术民间挑战赛、表演赛等，并给予相应的物质奖励和精神奖励。

（4）树立梅山武术品牌

20世纪80年代，少林武功通过借助电影《少林寺》，将少林武术品牌打响，在全国兴起了学习少林功夫的热潮。电影《少林寺》的成功无疑为少林武术的发展起到了重要的借鉴和推动作用，少林武术后期的发展模式的成功也成为其他民族传统武术项目在推广时的案例。

对梅山武术而言，现在还未见有主题电影公映。事实上，即使不能承担整部电影的内容，也可以积极参与到武术片中，增强梅山武术的知名度。例如，电视剧《宝莲灯》中有提到"梅山兄弟"，但很少有人能把这个词与梅山武术联系起来，可见梅山武术在宣传方面还是很欠缺的。此外，少林寺和跆拳道的发展模式仍是值得学习的，如通过电视台举办职业赛事等（河南的电视台举办过《少林风》）。

梅山结合地区旅游业的发展，已逐步为梅山武术推出商业演出模式，但仍需扩大规模，不能仅将梅山武术局限在当地，仅供来此游客观赏，而应该迈出腿，跨出地区，走出中国，走向世界。只有这样才是传播之根本，仅局限在一地永远只是孤芳自赏，不能使梅山武术得到可持续发展。

2. 借助政府宏观调控政策，明确且细化梅山武术文化的发展规划

政府可以考虑借鉴少林武术和武当武术带活当地旅游的成功经验，制定长远的发展规划，将梅山武术的发展融入经济建设规划中去。以东方文武学院为龙头，大力发展梅山武术，塑造梅山武术品牌，打造城市文化名片，拓宽武术产业链并发展武术文化旅游，从而带活新化和娄底的旅游项目，推动经济的发展。相关研究也表明，依托梅山文化，重点开发梅山武术、歌舞等，突出文化旅游的娱乐性与可参与性，可以使其立足于本地市场，稳步发展省内市场，渗透和培育于其他市场。

3. 整合媒体资源，实现常态化的宣传

梅山武术的研究和报道，已受到政府部门的关注和重视，如开通各研究部门的网站（湖南人文科技学院梅山文化研究中心），发表研究专刊，出版专著，开展研讨会等。然而，与成功的例证相比，目前对梅山武术的宣传方式和宣传投入的力度均远远不够。政府应考虑加大专项宣传资金并整合新闻媒体资源，对梅山武术进行的相关活动及研究进展进行及时专题宣传，同时定期组织和举办有关梅山武术的大型交流活动，提高梅山武

术的知名度，加快其普及进度，在宣传方面做到常态化。

在对外交流方面，目前主要是到外地演出和国外爱好者慕名到当地学习。因为师资和地域传承，目前梅山武术还不能采用像少林武术和太极拳那样向外输出师资和教材等大规模教学手段推广，但也可以借助媒体的力量做一些推广工作。梅山武术套路是梅山武术的重要组成部分，且濒临失传，制作套路教学视频不仅有利于梅山武术的传承与保护，还可以翻译成多国语言向外推广。

4. 完善学校武术教学，展开梅山武术文化的师生传承

（1）发挥民间拳师、重要传人的作用

城乡经济的差别迫使民间拳师寻求新的谋生手段，很多人没有条件心无旁骛的练功、教徒，但在梅山武术的传承中他们有着非常重要的作用。应重点保护民间梅山武术大师，例如为其提供更优质的生活保障、设定重要传人专项资金扶持，鼓励他们带领更多的人学习梅山武术。目前，加强传统武术保护的重要一项就是传承人的保护，梅山武术也在积极努力，晏西征先生的成功就是最好的例证，但是应该有更多的传承人被了解、被扶持。

（2）改进教学方法

在社会不断进步的过程中，师生传承成为现代传统武术传承的重要方式。目前梅山武术的受众主体是青少年，他们的主要学习场所是武术学校。所以，政府需要大力支持和扶持民办武术学校的发展，让武术文化进校园。此外，学校应注重如多媒体的现代科技产品在教学中的应用，在精选梅山武术素材的同时，去掉梅山武术功法中不利于学校教学的部分，不断改进教学方法，实现高效的武术教学过程。

5. 塑造梅山武术文化品牌，加快旅游业发展步伐

通过塑造梅山武术文化品牌，不仅可以以武术为桥梁连接海内外同胞的民族情感，还可以连接梅山文化中多处自然景观，使游客不仅白天可以看山水，晚上还可以看武术文化表演。只有丰富、精彩的梅山之游，才能让游客流连忘返，才能将梅山武术文化的品牌真正树立起来，真正打响梅山武术文化品牌。可以利用"文化强市"为依托，塑造梅山武术文化品牌，抢救保护民间民俗文化，加快旅游业的发展步伐。

6. 实施有效的非物质文化遗产申报

梅山武术已经成功纳入湖南省非物质文化遗产名录。为了使世人更深刻地认识梅山武术的独特性，在晏西征先生的带领下，梅山武术渐渐走出了国门，得到许多国外爱好者的好评。最值得一提的是，梅山武术作为非物质文化遗产，所要传承的并非只是简单的功法演练，还有蕴含其中的武术文化。为了更好地保护梅山武术，使其能够继续发扬民族特色，要对其进行进一步全面系统的抢救、挖掘、保护和弘扬，全面推进梅山武术

的国家级非遗申报工作、世界级非遗申报工作，让梅山武术在有效传承、可持续发展的同时，还能走向世界。

（二）梅山武术文化的传承、发展与乡村振兴彼此助力

《关于大力发展体育旅游的指导意见》中明确提出推动地方特色体育活动和区域旅游项目设计开发，打造具有地域特色、民族特色的体育旅游活动。产业发展是乡村振兴的第一要义，充分利用梅山武术旅游资源有助于新化体育产业和旅游业的发展。在利用梅山武术旅游资源之前，需要对其文化展开深入剖析，以文化为亮点，实现武术文化与旅游产业的结合，建设武术特色小镇，发展特色旅游业。

1. 助推旅游产业的发展

新化作为全国武术之乡，梅山武术被列入国家文化遗产名录，其具有的健身娱乐性、文化艺术性、教育性、竞技性等特征，都可以满足大众的旅游消费需求。但仅依靠风景区或各种节目的开幕中的武术节目表演，尚无法有效推动乡村产业振兴、文化振兴，只有将梅山武术作为独有的、主题鲜明的旅游产业的才能更好助力新化的乡村产业振兴。建设武术特色小镇不仅可以保持、弘扬梅山武术的特色，还能助力旅游产业的经济协同发展。反之，梅山武术也能借助武术小镇的建设，实现武术文化的有序传承与持续发展。小镇采用旅游与梅山武术相融合的发展模式，构建了极具特色且功能独特的社区——梅山武术文化社区，推动了梅山武术旅游产业的快速发展，吸引了各地武术爱好者和游客。[1]

梅山武术特色小镇具有以下几个特点。

首先，梅山武术特色小镇布局合理，以梅山古镇为核心，以资江为纽带，以梅山武术为旅游亮点，实现了以点带线、以点带面的宣传效果，让更多的人知道梅山武术。小镇设施、要素、功能都进行了合理布局、实施了优化配置。高效利用了梅山武术品牌，持续推进武术特色小镇的建设，将梅山武术渗透于武术特色小镇的每一个角落。游客可以在旅游过程中，了解梅山武术、了解武术文化，实现了梅山武术的有序传承和可持续发展。

其次，在梅山武术特色小镇的资源方面，充分整合梅山武术资源，利用梅山武术的拳种、居民制作的梅山器械、梅山服装在小镇上进行陈列和武术套路展示。通过聘请当地的梅山武术拳师完成拳术的表演，让游客在观赏活动时对梅山武术产生好奇，近距离感受梅山武术套路的精悍。在此过程中，对梅山武术文化的传承是直观的、创新的，可

---

[1] 孙晓、米雄辉、叶颖：《新媒体视域下我国民族传统体育文化发展路径重塑》，《湖北成人教育学院学报》2021年第3期。

以吸引众多游客体验梅山武术。

最后，在梅山武术特色小镇的宣传方面，充分整合媒体资源。基于新时代背景下，电子产品深入大众生活，新媒体的传播成为碎片信息传播的主要阵地。运用新技术、新形式可以补充传统媒体传播不足之处，扩大宣传力度和广度，提升传播精准度，强化传播互动性，简化传播流程。利用微信公众号、创建掌上小镇视频号、创建抖音号以及App大力传播梅山武术文化、推送武术文化等；借助网络平台组织梅山武术文化知识竞赛，设立相应奖励，鼓励群众参与；用3D、4D等技术原创《梅山争雄》《蚩尤传》传统文化的短片，给游客带来一场视觉盛宴。梅山武术文化的传承方式不仅进入了新的高度，更实现了该文化的持续发展。发展梅山武术特色小镇可以采取以下几种策略。

（1）引入创意元素，延长产业链，传承、发展梅山武术文化

梅山武术在与旅游业融合的过程中，更多的是通过梅山武术表演的方式实现梅山武术文化的传承。虽然对观众的内心产生了短暂的冲击，但是仅能体现出梅山武术功能、魅力的冰山一角。刘仁秋提出，峨眉山产业的打造和发展是武术小镇的内生动力源泉。在峨眉武术文化产业发展链的基础上，让武术和地方资源充分融合，大力开发峨眉武术康养、峨眉武术参观、体验、峨眉武术旅游纪念品生产等完善的峨眉武术产业集群[1]。依托旅游行业关联度高和辐射性强的优势，梅山武术可以在各大风景区引入武术创意元素、延长产业链、提升价值链、最后完善利益链，从而加快乡村振兴进程，实现梅山武术的可持续发展。在武术文化、武术康养、武术项目中融入创意元素，实现全新的旅游体验，"武术+康养""武术+体验""武旅+文旅"等，如此实现的梅山武术文化传承是高效的，梅山武术文化发展是持续的。

首先，健身和养生始终是现代人不断追求的，梅山武术作为民族传统体育项目，具有健身、修身和养身的功能。利用武术健身、修身的特点编排创造梅山武术的健身套路，这也是梅山武术创新的过程。当然，创新的过程是在保护传统梅山武术原型基础上展开。在旅游过程中，可以随时带领游客体验梅山武术，让其感受梅山武术朴实无华、简单易学的风格和崇武重义的武学内涵，吸引游客关注梅山武术、喜爱武术、成为梅山武术的隐性传承人，实现武术和康养的深度融合。游客在持久练习梅山武术健身套路时可以强健体魄，免遭疾病的困扰。梅山武术还可以作为医疗康复的手段，加快疾病人群的康复进程。

其次，在旅游过程中融入梅山武术的体验项目，本身是对梅山武术的有效传承，更赋予旅游产品新的亮点。事实上，这样的体验项目满足了游客的潜在的需求。梅山武术在服务于游客的过程中，可以借助神秘的宗教祭祀、宗教信仰和宗教色彩等表现形式开

---

[1] 刘仁秋：《峨眉武术特色小镇建设与发展路径研究》，成都体育学院硕士学位论文，2020年。

展主题旅游，以独具特色的蚩尤文化和梅山武术文化为载体，向外来游客展示，满足游客的猎奇探秘心理，让更多的人有机会了解梅山武术中的宗教文化。可以设计体验内容，以其神秘宗教形式作为旅游主题，让游客学习梅山歌谣和梅山武术、品尝梅山美食、穿戴梅山特色服饰、学习制作传统手工艺等。[1]通过学习梅山武术、观看武术表演、体验武术项目，可以让游客感受梅山武功和梅山文化意蕴，给其留下深刻印象。在体验武术项目设计中，需要结合游客的消费需求，设计适合游客参与的梅山武术，此过程正是梅山武术文化的持续发展过程。

最后，以"文旅+武旅"为抓手，更大限度拓展旅游发展的空间。蚩尤文化和梅山武术文化作为传统文化的瑰宝，是一张靓丽名片，通过文化旅游和武术旅游的双重结合，可以打造旅游名村和生态名村，带动餐饮、住宿、研学等相关产业发展。以研学为例，很多游客是为深入研究梅山武术、学习梅山武术而来。基于此视角来讲，"文化+旅游"是梅山武术有序传承、持续发展的全新形式。

（2）建立利益协同机制，加强政府扶持力度

乡村振兴是一项系统性工程，建立利益协同机制有助于政府、企业和赞助商的资源整合。在打造武术旅游品牌体系的过程中，要让众多要素协同发展，避免企业独资或行政分割的管理局面。王前坤提出，政府可以积极引导有关体育社会组织，共同促进乡村体育；实现多元主体共同促进的收益分摊措施，让政府、企业以及赞助商共同合资，政府通过土地资源入股，居民可以参股，企业可以控股，充分考虑各方的利益需求，保障各方利益，共同打造武术旅游协作平台。[2]

政府要加大对梅山武术旅游的扶持力度。首先要从制度、财政、土地和税收方面营造有利于武术小镇和武术旅游的发展环境。根据新化独特的地域优势和资源优势，鼓励社会资本与村集体共同开发。其次要明确土地政策，盘活乡村土地经营权流转，充分发挥农村土地资源潜力。对符合乡村发展的旅游企业予以土地支持，对不符合乡村旅游发展的企业和项目可适当提高用地门槛，并依据乡村旅游项目的规模进行合理的用地支持，对一些具有区域特色但规模较小的旅游项目在土地政策上予以支持。最后对进入乡村发展的旅游业和武术特色小镇的企业提供一定的税收减免，如对小镇或旅游区域的水、电、气等价格进行适当优惠。要充分保障梅山武术项目开展中的资金支持，明确每个部门在此活动中的责任和义务，鼓励引导个人和一切社会力量对乡村治理提供资金和技术上的支持，可以广招贤才，更好地实现乡村和谐。

事实上，梅山旅游发展受到政府的大力扶持，某种程度上梅山武术文化的传承与发

---

[1] 宁小雪、孙晓：《梅山武术助力新化乡村振兴战略研究》，《武术研究》2021年第5期。
[2] 王前坤：《体育促进乡村振兴的路径研究：以陈家沟为例》，上海体育学院硕士学位论文，2021年。

展也受到了政府的大力支持。小镇打造、旅游区打造等都是以梅山武术文化与核心展开的旅游开发。

2. 打造有人文底蕴的新农村

改革开放后，由于社会经济发展落后、科技发展水平不高、武术传播手段有限以及宗族观念深厚致使家族武术不外传，大多数武术的传承方式都是口传身教、族群传承。虽然梅山武术的传承方式有限，但梅山武术文化的有序发展一直在进行。20世纪80年代，新化群众武术活动开展得如火如荼，群众表演梅山武术活动社会化，梅山拳师职业化，村民习武经常化、阵地化，梅山武功作为当地的本土体育，成了村落的文化代言，树立了梅山武术品牌，为其后续的传承与发展扩宽了道路。20世纪90年代，改革开放持续深入，村民以抓经济为主，社团组织解散、老拳师休养生息、中年拳师外出谋生，孩童被电子产品吸引，此时的梅山武术文化的传承与发展进入停滞期。由此不难看出，打造有人文底蕴的新农村与梅山武术文化的传承与发展同步，都需要以梅山武术为依托，弘扬武术文化。具体可以采取以下几种策略。

（1）传承与持续发展

梅山武术内部的瓦解和外部的挤压导致梅山武术的发展受到限制，针对双重夹击的困局，梅山武术必须利用新媒体的技术创新传承方式，寻求梅山武术的新发展。长期以来，梅山武术的传承主要有五种方式：师徒传授和家族传承、社会团体的传播、举办"梅山文化"学术研讨会、撰写《梅山武术》专著、成立专门保护小组挖掘非遗文化保护。这五种方式都对梅山武术的传承和传播起到了一定的作用，但是对于现代科技的传播速度来说还远远不够。

当前网络直播热度持续上升，新媒体的传播能够快速而广泛的对梅山武术文化进行传播，实施有效的文化传承。通过网络直播平台传播梅山武术，设立专门的直播间，并邀请梅山武术传人或领域内的专家对梅山武术套路和器械进行讲解和介绍，使更多人认识梅山武术，加入传播的行列，为梅山武术文化注入动力。梅山武术文化的发展迎来了新契机。

2020年，在全民直播热潮下，虚拟人物也逐渐起步。虚拟现实技术是新媒体背景下发展迅速的技术，是一种多元信息融合的交互式的三维动态视景和实体行为的系统，可以使用户沉浸在该环境中。梅山武术文化在传承中加入虚拟技术元素，利用虚拟人物，完成了梅山武术各种高难度动作、武术套路的展示，向受众群体展示了极具视觉冲击力的梅山武术文化。[1] 新媒体的产生和普及，有效确保了梅山武术文化的真实性、客观性，

---

[1] 孙晓、米雄辉、叶颖：《新媒体视域下我国民族传统体育文化发展路径重塑》，《湖北成人教育学院学报》2021年第3期。

也实现了对梅山武术文化的广度传承和不断创新发展。

(2) 丰富学习方式，增强人们对梅山武术认同感

改革开放以来，经济的全球化加速了文化的全球化，在西方文化的冲击下，有些人全盘接受了西方的价值观，攀比之风、享乐主义等问题令人惋惜。新化县是历史悠久的文化古城，优秀的传统文化与现代文化交相辉映，不仅梅山文化在这里发光、发亮，以蚩尤文化为代表的荆楚文化在这里也得到了很好的发展。梅山武术文化和蚩尤文化对乡村文化建设意义深远，因此，丰富学习传统文化的方式、增强人们对梅山武术的认同感成为实施梅山武术文化有效传承、增强人们文化自信、弘扬传统文化的重要抓手。

首先，政府应引导人们共同学习梅山武术精神，组织具有特色的讲座和会议，通过面对面的宣传交流，讲述梅山武术的价值观念和礼义廉耻等优良品德，激发人们的文化认同感，提升思想觉悟、道德水准和文明素养。

其次，政府应保护和修葺梅山文化和蚩尤文化的旧迹遗址，尽可能的保护和还原旧址和历史，让人们通过直接身临其境，感受峥嵘岁月。开展关于弘扬和传承梅山文化精神内涵的相关讲座，将厚重的梅山文化力量通过讲座和视频等呈现在人们眼前，更加富有感染力和吸引力。通过观看遗迹、遗址的视频，激起对梅山武术的认同感。

最后，可以在乡镇各个广场增设梅山武术文化长廊，例如将梅山拳、蚩尤文化的短视频通过互联网、人工智能等新兴技术的运用，投射到长廊中，在此基础上运用VR技术动作捕捉、全息影像等打造互动式观演体验，提升人们的综合体验，吸引更多人了解和重温梅山武术文化，了解梅山武术文化的精神内涵，展现梅山武术不一样的风采。在大广场的公益屏幕上可以滚动播放梅山武术的"尚气而贵言，喜直而厌欺，节俭而不奢，朴直而不佻"的精神文化，让人们能直观的感受梅山武术精神。具体可以采取以下几种策略。

3. 打造秩序良好的新农村

乡村治理既是乡村振兴战略的重要内容，更是加强农村文化建设的重要举措。梅山武术的比赛和表演能够激发对当地文化的认同感和自豪感，因此，要引领人们积极参与，增强他们的社会认同感；实施有效的梅山武术文化的对外宣传，吸引游客，提升当地的经济收入；动员各方力量，积极参与到梅山武术文化传承、发展中来。

(1) 增强表演多样化，引导村民积极参与

梅山武术的集体练习能够增强人们的力量、速度、耐力、柔韧和灵敏度等，在锻炼的过程中提高心血管系统、呼吸系统和免疫系统的能力，全方位地提高人们的身体素质，提高人们的生活质量。梅山武术能够满足人们日渐凸显的健身需求。在梅山武术文化发展过程中，要提升其大众适应性、易于参与性等，让人们可以随时进行梅山武术套路和

器械的练习，更好地展示人们的整体精神状态。

梅山武术的表演和比赛是加强当地人联系的桥梁，与人们的生活构成了互动和共生的关系。梅山武术依托丰富的拳种、内容多样，在武术届独树一帜，可以增加梅山武术表演的内容，引导人们积极参与。首先，在武术表演过程中融入梅山武术的腰功、腿功、臂功、桩功等内容，也可以利用梅山气功的表演，提升梅山武术的观赏性。利用梅山拳和梅山器械进行大规模的集体表演，给人们视觉上和精神上的冲击。其次，在梅山武术项目的开展过程中，要按照以人为本的原则多开发武术表演项目，将参与武术练习的理念深入到乡镇管理的意识和政策中，要保障人们参与练习的场地、环境和设施，调动人们参与武术练习的积极性。最后，乡镇干部鼓励人们在日常劳动之余开展武术项目。一方面可以增进大家的情感交流，分享各自的武术见解，建立起积极健康的生活方式，另一方面可以弥合生活中的嫌隙，使有矛盾的双方消除误解，增加对人们精神生活的关照。人们在参与过程中可以享受集体活动带来的独特心理体验，感受群体的凝聚力和团结的力量，在社会互动的过程中留下具有生活气息的村落。

综上所述，梅山武术文化的可持续发展，与当地政府的支持力度、当地村民的参与热度有直接关系。在打造秩序良好的新农村过程中，推动了梅山武术文化的不断发展，更实现对梅山武术文化的有序传承。

（2）扩大对外宣传，吸引八方来客

自新化县被评为武术之乡、旅游示范区、梅山武术被列入非物质遗产以来，新化梅山就成了一张靓丽的名片。梅山武术的各类表演吸引眼球、梅山武术的比赛艳压群芳，使梅山武术在湖南，甚至全国都有一定的名气。政府通过文化遗产日、策划组织展览和表演等一系列的对外宣传活动，既可以宣传新化的旅游价值，也可以让更多的群众了解梅山武术，吸引八方来客。

（3）动员各方力量，深度挖掘梅山武术的内容

协同共生理论是指将不同主体的功能优势通过重新组合和协作，从而解决某一问题。梅山武术内容挖掘不够深入，阻碍了梅山武术文化的持续发展。主要原因是武术人才的流失、优秀的老拳师作古以及中年拳师的谋生手段发生改变。在协同共生理论的指导下，要充分发挥政府的引领作用，广泛征集村民和青年拳师的武术见解、增加武术进校园的学习内容、引进优秀的武术人才，为深度挖掘梅山武术内容提供人力、物力保障。在具体措施方面，首先，政府要提供政策依托和资金保障，出资开设各种级别和层次的梅山武术比赛，鼓励村民积极参与并展现不同的武术内容，鼓励老拳师、武术传承人参与到梅山武术文化传承中来，推动其持续发展。其次，手手相教和口口相传的传承模式使梅山武术的技法学习和套路学习具有纯洁性和完整性。可以通过聘请老一辈的梅山武师、

书籍撰写和新媒体的技术，将更全面和更丰富的梅山功法保存下来，这有利于青少年的观看和学习。不仅如此，还要将青年力量加入梅山武术文化的传承与发展中来，利用青年人走在社会发展前沿的优势，将社会发展与梅山武术文化的发展与创新相结合，实现梅山武术文化的可持续发展。最后，在推广梅山武术进校园时要丰富梅山武术课间操的内容，将梅山武术的基本功、桩功和腾空跳跃动作也纳入学习内容。另外，要通过各种政策手段，吸引武术人才，保障武术内容挖掘的动力。

4.打造人才有保障的新农村

乡村的振兴离不开人才，梅山武术文化的传承与发展也离不开武术人才。人才是社会发展过程中的核心动力，是乡村振兴战略落地实施的持久动力和不竭源泉。武术人才在梅山武术在传承和持续发展过程中具有突出的组织能力、服务能力、表演能力、沟通能力，能够发挥积极的带动作用。在新化县打造人才有保障的新农村，要着力培养和挖掘武术人才，通过校企合作，着力培养大学生，与优秀的武术人才签约；健全内部人才培养机制，将退休干部、退休拳师或者是乡村贤人等群体培养成武术精英。培养和引进两者相辅相成，共同提升乡村人才振兴的速度。

（1）推广高校合作，与优秀的武术人才签约

高校是人才的聚集地，从人才优势看，高校体育学院培养了民族传统体育项目的人才，为武术项目的发展提供了丰富的人才储备，并且高校聚集了众多科研中坚力量，有博士、硕士等众多学者，通过从事武术教育事业，强化了武术人才的非物质文化遗产保护意识，能够正确解读梅山传统武术的文化精神、唤醒村落文化记忆的独特价值。武术人才积累了相当丰富的理论和实践经验，能够妥善解决梅山武术在传承和创新发展过程中不完善问题；从学术优势上看，高校是一个天然的学术交流平台，各学科渗透交叉，武术人才能够很好的把握梅山武术文化产业转化的发展契机，积极争取社会和政府的各种补贴，为梅山武术的发展提供支持。高校为培养武术人才奠定了坚实的人力资源和物力资源，因此，要推广与高校合作的模式，引入高校优秀的武术人才。

新化县的相关管理部门要确立以武术人才发展为核心的梅山武术的发展规划，在发展规划中专门设立武术人才的岗位，吸引高校武术人才来此实习，表现优秀者可直接留岗。政府部门要在学校毕业招聘中发布创新性的武术人才激励政策，提高来此工作的武术人才的薪资待遇和服务保障，吸引高校武术人才前来就业。

（2）健全选培机制，培养武术骨干人才

人才振兴是乡村振兴的基础。习近平总书记强调："激励各类人才在农村广阔天地大施所能、大展才华、大显身手，打造一支强大的乡村振兴人才队伍。"选拔和培育梅山武术骨干人才是传承和发扬梅山武术的根本战略。武术人才具有技能的优势和独特的人

格魅力，可以吸引更多人加入传统武术的练习中。这样不但可以扩大梅山武术传承的群体，还可以促进村与村之间、人与人之间的交流和欣赏，共同打造和谐社会。武术人才不仅有积极向上、坚持不懈的奋斗精神，还要具备道德素养高、专业技能强等优势。要通过选拔村中贤能，健全人才培养机制培养高精尖武术人才，造就武术骨干人才。首先，应建立健全乡村武术组织，只有持续有效的开展武术活动，才能不断锻炼武术骨干人才。其次，不仅从外部招收武术人才，更要从内部强化当地人的武术专业性，组织当地从事武术的工作者或居民中的武术习练者进行专业化的训练，提高其专业理论和实践的能力，不断完善对武术人才的培养，更好地助力梅山武术文化的有序传承和可持续发展。

参考文献

[1][明]戚继光:《纪效新书·拳经捷要》,人民体育出版社 1988 年版。

[2][明]唐顺之:《武编·前集卷五》,解放军出版社 1989 年版。

[3]戴瑞磊:《中国传统武术文化概论》,中国纺织出版社 2019 年版。

[4]冯文杰:《中华武术的现代传承与发展》,中国商务出版社 2018 年版。

[5]郭敏进、范美丽、王意:《我国传统武术文化的传承与现代发展研究》,吉林大学出版社 2018 年版。

[6]洪思征、周亚坤、蒋广涛:《我国传统体育发展的理论研究与实践项目探索》,上海交通大学出版社 2018 年版。

[7]李娅楠:《中国武术文化传承与多元发展的研究》,中国商务出版社 2018 年版。

[8]梁启超、王云:《近代学风之地理的分布》,《饮冰室文集(第41册)》,大道书店 1936 年版。

[9]梁启超:《饮冰室文集点校·中国之武士道序列》,云南教育出版社 2001 年版。

[10]马威、刘素静:《高校武术教学的多维度思考研究》,中国纺织出版社 2019 年版。

[11]时保平:《健康、传承、弘扬大学体育武术教育教学模式多元化构建研究》,四川大学出版社 2019 年版。

[12]王琼、吴强、薛宇:《非物质文化遗产视域下传统武术的现代化发展》,中国纺织出版社 2019 年版。

[13]温力:《中国武术概论》,人民体育出版社 2019 年版。

[14]吴圣正:《中国传统文化概说》,人民出版社 2019 年版。

[15]张茂林:《武术与民族传统体育专业课程体系研究》,人民体育出版社 2019 年版。

[16]蔡金明:《传统武术传播的方式与特点》,《体育文化导刊》2003 年第 6 期。

[17]陈荣亮:《闽台武术文化渊源管窥》,《中华武术》1991 第 11 期。

[18]陈振勇:《武术文化继承与发展:地域武术文化发展展望》,《体育与科学》

2008 年第 2 期。

[19] 程大力：《〈少林衣钵真传〉考证》，《体育文史》2001 年第 1 期。

[20] 崔志强，崔永胜，刘长军：《梅花桩拳派的资源及其开发利用》，《山东体育学院学报》2003 年第 2 期。

[21] 代凌江：《峨眉武术分类问题的现状研究》，《山西师大体育学院学报》2008 年第 2 期。

[22] 董新亚：《对形意拳形成与发展的研究》，《山西农业大学学报（社会科学版）》2006 年第 1 期。

[23] 高正：《武当山与武当武术》，《武术健身》1991 年第 1 期。

[24] 郭守靖、郭志禹：《从地域文化学视角透视武术文化的地域性特征》，《上海体育学院学报》2006 年第 5 期。

[25] 郭志禹、郭守靖：《中国地域武术文化研究策略构想》，《体育科学》2006 年第 10 期。

[26] 郭志禹：《传统武术历史与文化信息内容构架的研究》，2004 年国家体育总局武术运动管理中心课题。

[27] 韩雪：《中州武术文化研究》，《体育科学》2006 年第 8 期。

[28] 蒋松卿：《楚文化与楚国武术》，《中国武术与传统文化》1990 年。

[29] 李德祥：《中国哈尼族武术文化初探》，《云南师范大学学报（哲学社会科学版）》1994 年第 6 期。

[30] 李玉兰：《武术文化的地域性特征初探》，《搏击（武术科学）》2008 年第 4 期。

[31] 刘绥滨：《四川武术与武当拳的渊源》，《武当》1993 年第 4 期。

[32] 陆草：《论中原武术文化》，《中州学刊》2007 年第 1 期。

[33] 罗宇：《梅山武术的挖掘与发展研究》，《湖南人文科技学院学报》2008 年第 2 期。

[34] 马剑、邱丕相：《对武术实存的评析与反思：兼议武术的发展》，《体育科学》2007 年第 5 期。

[35] 马敏卿、张艳霞：《地域文化对武术拳种产生和发展的影响——以齐鲁文化为例》，《北京体育大学学报》2006 年第 10 期。

[36] 梅杭强、邱丕相：《武术套路形成根源的人类社会学研究》，《天津体育学院学报》2005 年第 1 期。

[37] 潘春娥、陈永辉：《对一个地域拳种的开展状况及对策分析：以梅山武术为例》，《搏击（武术科学）》2008 年第 3 期。

[38] 刘汉杰：《沧州回族武术文化初探》，《西北民族研究》1997年第1期。

[39] 裘静芳：《我国地域武术文化旅游产业开发的价值、策略与构想》，《体育与科学》2009年第2期。

[40] 申国卿：《地域武术文化研究初探》，《武汉体育学院学报》2008年第4期。

[41] 史兵：《体育地理学理论体系构建研究》，《体育科学》2007年第8期。

[42] 翁锡全：《试论体育运动与环境的辩证关系》，《广州体育学院学报》1992年第2期。

[43] 赵斌、代凌江：《关于峨眉武术分类中五花八叶的历史渊源考证》，《四川体育科学》2008年第2期。